# Verzeichniß

der

# Guttentag'schen Sammlung

## Deutscher Reichsgesetze

und

## Preußischer Gesetze.

**Text-Ausgaben mit Anmerkungen.**

Taschenformat.

Deutsche Reichsgesetze grün,

Preußische Gesetze grau cartonnirt.

1897

Berlin SW.48.

Wilhelmstraße 119/120.

J. Guttentag, Verlagsbuchhandlung.

Guttentag'sche Sammlung
Nr. 43. Deutscher Reichsgesetze. Nr. 43.
Text-Ausgaben mit Anmerkungen.

# Das Reichsgesetz
über die
# Zwangsversteigerung und die Zwangsverwaltung
vom 24. März 1897
## nebst dem Einführungsgesetze.

Text-Ausgabe mit Einleitung, Anmerkungen und Sachregister

von

**Dr. J. Krech,**
Kais. Geh. Regierungsrath
in Berlin.

**Dr. O. Fischer,**
o. ö. Professor der Rechte
in Breslau.

Berlin SW. 48.
Wilhelmstraße 119/120.
J. Guttentag, Verlagsbuchhandlung.
1897.

# Inhaltsübersicht.

# Abkürzungen.

I = Entwurf eines Gesetzes betreffend die Zwangsvollstreckung in das unbewegliche Vermögen. — M. = Motive zu diesem Entwurf. (Amtliche Ausgabe; Berlin J. Guttentag 1889).

II = Entwurf des Bundesraths. — Vorlage an den Reichstag. — D. = Denkschrift zu diesem Entwurf. (Drucksachen des Reichstags, 9. Legislaturperiode IV. Session 1895/97 Nr. 607).

Die Ziffern hinter I und II bedeuten die §§; hinter M. und D. die Seiten.

KB. = Bericht der Reichstagskommission (Drucksachen Nr. 685).

---

A. = Anmerkung.
B. I = Bayerisches Gesetz betr. die Zwangsvollstreckung u. s. w. vom 23. Februar 1879.
B. II = Bayerisches Gesetz vom 29. Mai 1886.
BGB. = Bürgerliches Gesetzbuch — Denkschrift zum Entw. III BGB. = Denkschrift zur Reichstagsvorlage. (J. Guttentag 1896.)
CPO. = Civilprozeßordnung.
EG. = Einführungsgesetz vom 24. März 1897.
EG.BGB. = Einführungsgesetz zum Bürgerlichen Gesetzbuch.
GBO. = Grundbuchordnung vom 24. März 1897.
HGB. = Handelsgesetzbuch.
Pr. = Preußisches Gesetz betr. die Zwangsvollstreckung u. s. w. vom 13. Juli 1883.
R. = Entscheidungen des Reichsgerichts in Civilsachen.
RAO. = Rechtsanwaltsordnung.

S. = Sächsisches Gesetz betr. die Zwangsversteigerung u. s. w. vom 15. August 1884.
ZVG. = Zwangsversteigerungsgesetz vom 24. März 1897.

---

Wo §§ ohne weiteren Zusatz citirt sind, handelt es sich um §§ des ZVG. — Die kleineren Ziffern neben den Paragraphenzahlen bezeichnen deren Absätze.

# Einleitung.

Das vorliegende Gesetz behandelt die Zwangsversteigerung und Zwangsverwaltung nur in Bezug auf Grundstücke und andere Grundbuchobjekte, sowie in Bezug auf Schiffe. In erster Linie handelt es sich um die Vornahme dieser Maßregeln zum Zwecke der Zwangsvollstreckung wegen einer Geldforderung oder einer dinglichen, auf Geld gerichteten Verhaftung. Daneben tritt aber im Weiteren Zwangsversteigerung und Zwangsverwaltung im Konkurse und die Zwangsversteigerung von Nachlaßgrundstücken auf Antrag eines Erben, sowie die Zwangsversteigerung zum Zwecke der Aufhebung einer Gemeinschaft.

Die Civilprozeßordnung für das Deutsche Reich vom 30. Januar 1877 hatte die Zwangsvollstreckung insofern systematisch ganz in sich aufgenommen, als die Allgemeinen Bestimmungen des 1. Abschnitts des 8. Buches sich auf Zwangsvollstreckungen aller Art bezogen. Dagegen hatte sie von den einzelnen Arten der Zwangsvollstreckung die wichtigste, nämlich die Zwangsvollstreckung wegen einer Geldforderung, nur insoweit geordnet, als Befriedigung aus dem beweglichen Vermögen des Schuldners gesucht wurde.

Für die Zwangsvollstreckung in das unbewegliche Vermögen waren dagegen nur drei Spezialpunkte in den §§ 755–757 CPO. geordnet, während im Uebrigen auf die Landesgesetze verwiesen wurde. Der Grund dazu lag in dem engen Zusammenhange mit dem zur Zeit ebenfalls nur landesrechtlich geordneten materiellen Grundstücksrechte.

Das Inkrafttreten der CPO. machte es nun aber nothwendig, daß fast alle Gliedstaaten des Reiches das Landesrecht einer Revision unterzogen, welche in den meisten Staaten zu einer vollständigen Neuordnung der Materie führte.

In Preußen hatte man sich zunächst mit dem novellenartigen Gesetze vom 4. März 1879 begnügt. Man ging dann aber in dem Gesetze, betreffend die Zwangsvollstreckung in das unbewegliche Vermögen vom 13. Juli 1883, dazu über, eine umfassende Kodifikation der Zwangsvollstreckung in das unbewegliche Vermögen zu geben, welche inzwischen in der ganzen Monarchie mit Ausnahme der ehemals nassauischen Gebietstheile und der Insel Helgoland eingeführt ist. Dieses Gesetz stellt sich aber auch materiell als eine wirthschaftlich bedeutsame Reform des Subhastationsrechts dar, indem es das sog. Deckungs- und Uebernahmeprinzip zum Ausgangspunkte nahm, nach welchem die Zwangsversteigerung nur dann erfolgen darf, wenn die dem Antragsteller vorgehenden Berechtigten durch Uebernahme seitens des Erstehers bez. Anweisung auf den Preis vollständig gedeckt werden.

Diese Reform wirkte auch insofern bahnbrechend, als das Königlich sächsische Gesetz vom 15. August 1884, und das bayerische Gesetz vom 29. Mai 1886 ihr gefolgt sind.

Das am 1. Januar 1900 in Kraft tretende Bürgerliche Gesetzbuch für das Deutsche Reich vom 18. August 1896 hat, allerdings mit weitgehenden Vorbehalten für das Landesrecht, ein einheitliches Sachenrecht auch für Grundstücke und andere Immobilien geschaffen.

Nunmehr war die Möglichkeit gegeben, auch die Zwangsvollstreckung in diese Gegenstände reichsrechtlich einheitlich zu regeln, und es fehlte auch für die Zukunft an jedem Anlaß, diese Regelung einem besonderen Gesetze vorzubehalten und nicht vielmehr der CPO. einzuverleiben.

Art. 1 des EG. BGB. hat nun gleichwohl zwar diese einheitliche Regelung vorgesehen, er hat sie aber nicht in die CPO. gewiesen, sondern ein besonderes Gesetz über die Zwangsversteigerung und die Zwangsverwaltung in Aussicht gestellt, welches gleichzeitig mit dem BGB. in Kraft treten soll.

Den ersten Entwurf eines derartigen Gesetzes hatte die von dem Bundesrathe berufene Kommission zur Ausarbeitung des Entwurfes eines Bürgerlichen Gesetzbuchs in erster Lesung auf Beschluß des Bundesraths vom 14. Juni 1888 aufgestellt und bereits im Jahre 1889 veröffentlicht.*) Die Vorarbeiten, insbesondere die Berathungsprotokolle sind ebensowenig veröffentlicht, wie bei dem BGB. selbst. Dagegen sind die von Hülfsarbeitern der Kommission auf Grund der Vorarbeiten ausgearbeiteten Motive dem veröffentlichten Entwurf beigegeben. Auch dieser Entwurf hatte seine Vorbilder in dem preußischen Gesetz vom 13. Juli 1883 und den ihm folgenden Kodifikationen; so daß er also namentlich an dem Deckungsprinzip und der freilich etwas anders geregelten Uebernahme festhielt.

Die an dem Sachenrecht des Entwurfs des BGB. nach der ersten Lesung vorgenommene durchgreifende Umgestaltung machte auch eine Umbearbeitung des Subhastationsgesetzes erforderlich. Diese ist erst nach dem Zustandekommen des BGB. erfolgt. Sie enthält zahlreiche Abweichungen, bei welchen die Wünsche der Kritik berücksichtigt sind,

*) Entwurf einer Grundbuchordnung und Entwurf eines Gesetzes betreffend die Zwangsvollstreckung in das unbewegliche Vermögen. Ausgearbeitet durch die von dem Bundesrathe berufene Kommission. Nebst Motiven. Amtliche Ausgabe. Berlin. Verlag von J. Guttentag. 1889.

auch eine Vereinfachung des Verfahrens erstrebt ist. Dahin gehören die Zulassung von Zahlungsfristen, sowie einer außergerichtlichen Kaufgeldervertheilung, und die Bestimmung des geringsten Gebots bei Gesammthypotheken. Das grundlegende Prinzip wurde aber beibehalten.

Dieser zweite Entwurf, welcher den Titel trägt: „Entwurf eines Gesetzes über die Zwangsversteigerung und die Zwangsverwaltung" wurde demnächst vom Bundesrath als Reichstagsvorlage angenommen und nebst dem dazu gehörigen Entwurf eines Einführungsgesetzes unter dem 12. Dezember 1896 dem Reichstage vorgelegt. Diesem zweiten Entwurfe ist statt der Motive eine kürzere Denkschrift beigegeben (Nr. 607 der Drucksachen des Reichstages). Im Reichstage wurde die erste Lesung (Sten.Ber. S. 3941—53) am 16. Dezember 1896 vorgenommen. Sie endete mit der Verweisung des Entwurfs an die 16. Kommission, welche die Berathung am 22. Februar 1897 beendete. Den Vorsitz führte der Abgeordnete Dr. von Cuny, während der Abgeordnete Dr. von Buchka als Berichterstatter fungirte. Der Bericht bildet die Nr. 685 der Drucksachen des Reichstages. Die von der Kommission beschlossenen Aenderungen sind nur von untergeordneter Bedeutung. Neue Paragraphen sind überhaupt nicht eingefügt, so daß die Paragraphennummern des Gesetzes und des zweiten Entwurfes dieselben sind.

Der Reichstag hat sodann am 26. Februar 1893 in zweiter Lesung und am 8. März 1897 in dritter Lesung den unveränderten Kommissionsentwurf im Ganzen einstimmig angenommen.

Vom Bundesrath wurde die unveränderte Annahme beschlossen. Das Gesetz ist am 24. März 1897 vom Kaiser vollzogen und unter Nr. 2372 nebst (Einführungsgesetz Nr. 2373) in der am 3. April 1897 in Berlin ausgegebenen Nummer des RGBl. veröffentlicht worden.

Das Gesetz dient in seinem ersten Abschnitt (§§ 1—161) zunächst der Zwangsvollstreckung in Grundstücke und andere Immobilien. Für Grundstückspfandrechte ist gesetzlich bestimmt, daß die Befriedigung aus dem verhafteten Grundstück nur im Wege der Zwangsvollstreckung erfolgt (§§ 1147, 1192, 1199, BGB.). Für persönliche Forderungen ergiebt sich dieses ohne Weiteres aus der CPO. In beiden Richtungen ergänzt also das Gesetz die CPO. und ist so anzuwenden, wie wenn es Bestandtheil der CPO. selbst wäre. Es finden deshalb auf die Zwangsvollstreckung in das unbewegliche Vermögen aus der CPO. nicht nur die allgemeinen Bestimmungen über Zwangsvollstreckung, sondern auch die sonstigen allgemeinen Bestimmungen soweit Anwendung, als sie nicht durch das Gesetz oder die Natur der Sache ausgeschlossen sind.

Außerdem findet aber auch neben diesem Gesetze der spezielle Abschnitt der CPO. Anwendung, welcher von der Zwangsvollstreckung in das unbewegliche Vermögen handelt. Dieser Abschnitt der CPO. wird aber aus Anlaß dieses Gesetzes einer vollständigen Umgestaltung unterzogen werden müssen. Nach Zustandekunft dieser Umgestaltung in der beabsichtigten Weise wird der Abschnitt aus acht Paragraphen bestehen. Vier Paragraphen (§§ 757, 757a, 757f, 757g) regeln den Gegenstand, in welchen die Zwangsvollstreckung erfolgt. Eine weitere Bestimmung (§ 757b) nennt als Mittel der Zwangsvollstreckung: die Eintragung einer Sicherungshypothek für die Forderung, die Zwangsversteigerung und die Zwangsverwaltung.

Von diesen 3 Mitteln soll die Sicherungshypothek in der CPO. selbst geregelt werden (§§ 757c, 757d). Dagegen verweist § 757e bezüglich der Zwangsversteigerung und der Zwangsverwaltung auf dieses besondere Gesetz, wobei jedoch § 757g hinsichtlich des den Betrieb einer Eisenbahn betreffenden Nutzungsrechts Abweichungen des Landesrechts von den Vorschriften der Reichsgesetze gestattet.

Der die Zwangsvollstreckung in Grundstücke behandelnde erste Abschnitt des Gesetzes zerfällt in drei Titel, von denen der erste (§§ 1—14) Bestimmungen enthält, welche sich auf Zwangsversteigerung und Zwangsverwaltung gemeinsam beziehen, während der zweite (§§ 15—145) von der Zwangsversteigerung und der dritte (§§ 146—161) von der Zwangsverwaltung handelt.

In zweiter Linie soll nun aber die CPO. auch Schiffe, sowie sie in das Schiffsregister eingetragen sind, zum unbeweglichen Vermögen rechnen (§ 757), aber bestimmen, daß hier die Zwangsvollstreckung nur durch Zwangsversteigerung erfolgt (§ 757f Abs. 2). Das BGB. verordnet auch bezüglich der Schiffe, daß die Befriedigung der Pfandgläubiger nur im Wege der Zwangsvollstreckung erfolgt (§ 1268 BGB.).

Diese Zwangsversteigerung von Schiffen im Wege der Zwangsvollstreckung wird im zweiten Abschnitte dieses Gesetzes (§§ 162—171) näher geregelt. Dagegen bleibt die Zwangsvollstreckung in Schiffsparten der CPO. selbst (§ 754a) vorbehalten.

Für die Vollziehung eines Arrestes in das unbewegliche Vermögen soll künftig lediglich die CPO. maßgebend sein.

Dagegen ordnet wiederum das vorliegende Gesetz die Zwangsversteigerung und Zwangsverwaltung des unbeweglichen Vermögens auf Antrag des Konkursverwalters (§§ 172—174). Es dient insofern zur Ausführung der Vorschriften der Konkursordnung, welche formell dem Verwalter die Befugniß geben, die Zwangsverwaltung der zur Masse gehörenden unbeweglichen Gegenstände bei der zuständigen Behörde zu betreiben (§ 116), und materiell die Gegenstände, welche der Zwangsvollstreckung in das unbewegliche Vermögen unterliegen, zur abgesonderten Befriedigung für diejenigen bestimmen, welchen ein Recht auf Befriedigung aus den Gegenständen zusteht (§ 39 KO. in der beabsichtigten neuen Fassung).

Die im Anschluß an diesen letzteren Fall geordneten Fälle der Zwangsversteigerung zum Zwecke der Nachlaßregulirung (§§ 175—179) und der Aufhebung einer Gemeinschaft (§§ 180—184) liegen außerhalb der streitigen Gerichtsbarkeit.

Das beigegebene Einführungsgesetz enthält hauptsächlich die Vorbehalte zu Gunsten des Landesrechts. Es regelt außerdem das Inkrafttreten und den Uebergang.

---

# Gesetz
über die
# Zwangsversteigerung und die Zwangsverwaltung.

Vom 24. März 1897.

(RGBl. S. 97 ff.)

Wir **Wilhelm**, von Gottes Gnaden Deutscher Kaiser, König von Preußen rc.
verordnen im Namen des Reichs, nach erfolgter Zustimmung des Bundesraths und des Reichstags, was folgt:

## Erster Abschnitt.

### Zwangsversteigerung und Zwangsverwaltung von Grundstücken*) im Wege der Zwangsvollstreckung.

*) Nach der Anlage I zum Entw. II des BGB. wird beabsichtigt, in die CPO. u. A. folgende neue Bestimmungen einzustellen:

§ 757. Der Zwangsvollstreckung in das unbewegliche Vermögen unterliegen, außer den Grundstücken, die Berechtigungen, welche ein Blatt im Grundbuch erhalten können, und die im Schiffsregister eingetragenen Schiffe.

Die Zwangsvollstreckung in den Bruchtheil eines Grundstücks oder einer Berechtigung ist nur zulässig, wenn der Bruchtheil in dem Antheil eines Miteigenthümers besteht oder wenn sich der Anspruch des Gläubigers auf ein Recht gründet, mit welchem der Bruchtheil als solcher belastet ist.

§ 757a. Die Zwangsvollstreckung in das unbewegliche Vermögen umfaßt auch die Gegenstände, auf welche sich bei Grundstücken und Berechtigungen die Hypothek, bei Schiffen das eingetragene Pfandrecht erstreckt.

Diese Gegenstände können, soweit sie Zubehör sind, nicht gepfändet werden. Im Uebrigen sind sie der Pfändung unterworfen, solange nicht ihre Beschlagnahme im Wege der Zwangsvollstreckung in das unbewegliche Vermögen erfolgt ist.

§ 757b. Die Zwangsvollstreckung in ein Grundstück erfolgt durch Eintragung einer Sicherungshypothek für die Forderung, durch Zwangsversteigerung und durch Zwangsverwaltung.

Der Gläubiger kann verlangen, daß eine dieser Maßregeln allein oder neben den übrigen ausgeführt werde.

§ 757e. Die Zwangsversteigerung und die Zwangsverwaltung werden durch ein besonderes Gesetz geregelt.

§ 757f. Auf die Zwangsvollstreckung in eine Berechtigung, die ein Blatt im Grundbuch erhalten kann, finden die Vorschriften über die Zwangsvollstreckung in Grundstücke entsprechende Anwendung.

Die Zwangsvollstreckung in ein eingetragenes Schiff erfolgt nur durch Zwangsversteigerung.

§ 757g. Unberührt bleiben die landesgesetzlichen Vorschriften, nach welchen, wenn ein Anderer als der Eigenthümer einer Eisenbahn oder Kleinbahn den Betrieb der Bahn kraft eigenen Nutzungsrechts ausübt, das Nutzungsrecht und gewisse dem Betriebe gewidmete Gegenstände in Ansehung der Zwangsvollstreckung zum unbeweglichen Vermögen gehören und die Zwangsvollstreckung abweichend von den Vorschriften der Reichsgesetze geregelt ist.

Demnach ergiebt sich:

1. Hauptgegenstand der Zwangsvollstreckung in das unbewegliche Vermögen können nur sein:

a) Grundstücke (§§ 94 ff. BGB.). Auf diese beziehen sich zunächst die §§ 1—161 d. G.

b) Berechtigungen, welche ein Blatt im GB. erhalten können (Erbbaurechte § 7 GBO. und nach Maßgabe des Landesrechts: Bergwerkseigenthum Art. 67 EG.BGB., andere Rechte zur Gewinnung von Mineralien Art. 68 EG.BGB., Erbpacht-, Büdner- und Häuslerrecht Art. 63 EG.BGB., Stockwerkseigenthum Art. 182 EG.BGB., andere vererbliche und übertragbare Nutzungsrechte Art. 196 EG.BGB. Vgl. auch § 84 GBO.

Hier finden die §§ 1—161 entsprechende Anwendung. Vgl. auch zu § 2 EG. A. 1. Doch gestattet § 757g CPO. für das dort angegebende Nutzungsrecht Abweichungen,

c) ideelle Antheile am Grundstückseigenthum (Bruchtheile des Grundstückes im Sinne des BGB.) oder an diesen Berechtigungen. (§ 1008 ff. BGB.) Auch hier finden die §§ 1—161 entsprechende Anwendung. Mobiliarkuxe, welche nur einen Antheil an der Gewerkschaft, nicht aber an dem Bergwerkseigenthum darstellen, gehören nicht dazu. Vgl. auch zu § 2 EG. A. 1.

d) die im Schiffsregister eingetragenen Schiffe und unter Umständen ausländische Schiffe, nicht aber Schiffsparten. Hier finden die §§ 162—171 Anwendung.

2. Dem Hauptgegenstande treten die in § 757a bezeichneten Gegenstände hinzu. Sie ergeben sich für Grundstücke aus §§ 1120—1130 BGB. Vgl. aber § 21 gegenüber § 148.

## Erster Titel.

# Allgemeine Vorschriften.

### Zuständigkeit.

§ 1. Für die Zwangsversteigerung[1] und die Zwangsverwaltung[2] eines Grundstücks[3] ist als Vollstreckungsgericht[4] das Amtsgericht zuständig,[5] in dessen Bezirke das Grundstück belegen ist.[6]

I 6, 25 2; M. 88, 121; II. 1 D. 34. — § 755 CPO.

1. §§ 15—145. 2. §§ 146—161.

3. oder einer mit GBBl. versehenen Berechtigung, sowie der ideellen Antheile („Bruchtheile"). Vgl. Anm. * vor § 1.

4. im Sinne des § 684 CPO. Damit finden alle reichsrechtlichen Bestimmungen bezüglich dieses Gerichts, insbesondere über Organisation und Verfassung, Ausschließung und Ablehnung der Gerichtspersonen u. s. w. Anwendung. — Vgl. aber § 13 EG.

5. ausschließlich. § 707 CPO. 6 § 25 CPO.

§ 2. Ist das Grundstück in den Bezirken verschiedener Amtsgerichte belegen oder ist es mit Rücksicht auf die Grenzen der Bezirke ungewiß, welches Gericht zuständig ist,[1] so hat[2] das zunächst höhere Gericht eines der Amtsgerichte zum Vollstreckungsgerichte zu bestellen; die Vorschriften des § 37 der Civilprozeßordnung finden entsprechende Anwendung.

Die gleiche Anordnung kann[3] getroffen werden, wenn die Zwangsversteigerung oder die Zwangsverwaltung mehrerer Grundstücke in demselben Verfahren zulässig ist[4] und die Grundstücke in den Bezirken verschiedener Amtsgerichte belegen sind.[5] Von der Anordnung soll das zum Vollstreckungsgerichte bestellte Gericht die übrigen Gerichte in Kenntniß setzen.[6] [7]

I 7, 25 2; M. 88, 121; II. 2 D. 34. — § 756 CPO., — Pr. § 3. — B. I art. 14.

1. § 36 Nr. 2 CPO.
2. obligatorisch.
3. fakultativ.
4. § 18.
5. § 36 Nr. 4 CPO.
6. Vgl. § 40 2.
7. Auch in den Fällen des § 36 Nr. 1 und der analog anzuwendenden Nr. 5 und 6 kann die Bestimmung des Vollstreckungsgerichts durch das zunächst höhere Gericht in Frage kommen.

**Zustellungen.**

§ 3. Die Zustellungen[1] erfolgen von Amtswegen.[2]

I 16 Satz 1; M. 101; II. 3 D. 35. — Pr. §§ 4, 16, 47, 101. — B. I art. 17. — S. § 53.

1. richten sich nach der CPO. (§§ 152–190), soweit nicht dieses Gesetz, insbesondere §§ 3—8, Abweichungen enthalten.
2. Ausnahme von § 152 CPO., über den § 294 3 CPO. hinaus, entsprechend dem § 66 2 KO.

§ 4. Wohnt derjenige, welchem zugestellt werden soll, weder am Orte noch im Bezirke des Vollstreckungsgerichts,[1] so kann[2] die Zustellung durch Aufgabe zur Post[3] erfolgen, solange nicht die Bestellung eines daselbst wohnhaften Prozeßbevollmächtigten[4] oder Zustellungsbevollmächtigten[5] dem

Gericht[6] angezeigt ist. Die Postsendung muß[7] mit der Bezeichnung „Einschreiben" versehen werden.

I 18; M. 103; II. 4 D. 35. — Pr. § 4, Nr. 3. — B. I art. 19. — S. § 54.

1. § 160 CPO.
2. ohne Weiteres, insbesondere ohne die in den §§ 160, 161 CPO. aufgestellten Voraussetzungen. — Vgl. auch § 69 KO.
3. § 161 CPO. 4. § 77 CPO.
5. § 160 CPO. 6. anders wie nach § 161 CPO.
7. in jedem Falle. Abweichung von § 161 2 CPO.

§ 5. Die Bestellung eines Zustellungsbevollmächtigten bei dem Grundbuchamte gilt auch für das Verfahren des Vollstreckungsgerichts, sofern sie diesem bekannt geworden ist.[1]

I 19; M. 104; II. 5 D. 35. — Pr. § 4, Nr. 1. — S. § 55.

1. § 19 2.

§ 6. Ist der Wohnort desjenigen, welchem zugestellt werden soll, dem Vollstreckungsgerichte nicht bekannt, so hat das Gericht einen Zustellungsvertreter zu bestellen.

Das Gleiche gilt, wenn im Falle der Zustellung durch Aufgabe zur Post[1] die Postsendung als unbestellbar zurückkommt. Die zurückgekommene Sendung soll dem Zustellungsvertreter ausgehändigt werden.[2]

Statt der Bestellung eines Vertreters genügt es, wenn die Zustellung für nicht prozeßfähige[3] Personen an die Vormundschaftsbehörde,[4] für juristische Personen[5] oder für Vereine, die als solche klagen und verklagt werden können,[6] an die Aufsichtsbehörde[7] angeordnet wird.

I 20, 23; M. 105, 108; II. 6 D. 35. — Pr. § 4 I Nr. 2, 4, 5. — B. I art. 17—19. — S. §§ 56, 57.

1. § 5.

2. Ohne besondere Form. Die Zustellung ist bereits bewirkt.

3. §§ 50 ff. CPO.

4. d. h. des Vormundschaftsgerichts, soweit nicht Art. 147 EG.BGB. Platz greift.

5. §§ 21—89 BGB.

6. wenn sie auch keine juristische Persönlichkeit haben. (Vgl. §§ 19, 157 CPO.) Daß sie bloß verklagt werden können, wie in § 49a CPO. (Anl. II z. Entw. III BGB.) für nicht rechtsfähige Vereine (§ 54 BGB.) zu bestimmen beabsichtigt wird, genügt aber nicht.

7. sofern eine staatliche Aufsichtsbehörde vorhanden ist.

§ 7. An den Zustellungsvertreter erfolgen die Zustellungen, solange derjenige, welchem zugestellt werden soll, nicht ermittelt ist.

Der Zustellungsvertreter ist zur Ermittelung und Benachrichtigung des Vertretenen[1] verpflichtet. Er kann von diesem eine Vergütung für seine Thätigkeit und Ersatz seiner Auslagen fordern. Ueber die Vergütung und die Erstattung der Auslagen entscheidet das Vollstreckungsgericht.[2]

Für die Erstattung der Auslagen haftet der Gläubiger, soweit der Zustellungsvertreter von dem Vertretenen Ersatz nicht zu erlangen vermag; die dem Gläubiger zur Last fallenden Auslagen gehören zu den Kosten der die Befriedigung aus dem Grundstücke bezweckenden Rechtsverfolgung.[3] [4]

I 22; M. 107; II. 7 D. 35. — Pr. § 4 1 Nr. 6 u. 4 2. — S. § 56.

1. nicht aber zur sonstigen Wahrnehmung seiner Rechte.
2. vollstreckbar nach § 702 Nr. 3 CPO.
3. § 10 2.
4. Abs. 3 ist ein Zusatz der Reichstagskommission (KB. S. 6, 7).

§ 8. Die Vorschriften der §§ 4 bis 7 finden auf die an den Schuldner[1] zu bewirkende Zustellung des Beschlusses, durch welchen die Zwangsvollstreckung angeordnet[2] oder der Beitritt eines Gläubigers zugelassen wird,[3] keine Anwendung.[4]

I 24 1; M. 110; II. 8 D. 35. — Pr. § 4 3.

1. Die an andere Personen, insbesondere den Antragsteller, zu bewirkende Zustellung steht unter den §§ 4—7.
2. §§ 15, 146. 3. §§ 27, 146.
4. Hier sind also lediglich § 3 und die Vorschriften der CPO. (zu § 3 A. 1) maßgebend. Vgl. insbesondere §§ 693 ff. CPO.

### Betheiligte.

§ 9. In dem Verfahren gelten als Betheiligte, außer dem Gläubiger[1] und dem Schuldner:[2]

1. diejenigen, für welche zur Zeit der Eintragung des Vollstreckungsvermerkes[3] ein Recht im Grundbuch eingetragen oder durch Eintragung gesichert ist;[4]

2. diejenigen, welche ein der Zwangsvollstreckung entgegenstehendes Recht,[5] ein Recht an dem Grundstück[6] oder an einem das Grundstück belastenden Rechte, einen Anspruch mit dem Rechte auf Befriedigung aus dem Grundstück[7] oder ein Mieth- oder Pachtrecht, auf Grund dessen ihnen das Grundstück überlassen ist,[8] bei dem Vollstreckungsgericht anmelden und auf Verlangen des Gerichts oder eines Betheiligten glaubhaft[9] machen.

I 8; M. 88; D. 35. — Pr. § 21. — B. I art. 40.

1. d. h. dem Antragsteller (§ 15) und den beitretenden Gläubigern (§ 27).

2. d. h. derjenige, gegen den der Antrag auf Zwangsvollstreckung in das Grundstück gerichtet ist, nicht der etwa davon verschiedene persönliche Schuldner (§§ 16, 17).

3. § 19.

4. insbesondere der durch Veräußerungsverbot (§ 888 2 BGB.), Widerspruch (§§ 894, 899 BGB.), Vormerkung (§§ 883 ff. BGB.) Gesicherte; auch der gemäß § 1189 BGB. eingetragene Vertreter. — Diese Personen ergeben sich aus der gemäß § 19 Abs. 2 erfolgenden Mittheilung des GBA., s. auch § 26 3. Die nach dem Vollstreckungsvermerk Eingetragenen müssen gemäß Nr. 2 anmelden.

5. §§ 28, 37 Nr. 5.

6. dingliches Recht: § 873 BGB. 7. §§ 10—14.

8. Vgl. §§ 57, 59, 152 2, 183.

9. § 266 CPO. Vgl. auch § 97 2.

**Recht auf Befriedigung — Rangordnung.**

§ 10. Ein Recht auf Befriedigung aus dem Grundstücke[1] gewähren nach folgender Rangordnung, bei gleichem Range nach dem Verhältniß ihrer Beträge:

1. der Anspruch eines die Zwangsverwaltung betreibenden Gläubigers[2] auf Ersatz seiner Ausgaben zur Erhaltung[3] oder nöthigen Verbesserung des Grundstücks,[4] im Falle der Zwangsversteigerung jedoch nur, wenn die Verwaltung bis zum Zuschlage fortdauert und die Ausgaben nicht aus den Nutzungen des Grundstücks erstatten, werden können;[5]
2. bei einem land- oder forstwirthschaftlichen Grundstücke die Ansprüche der zur Bewirthschaftung des Grundstücks oder zum Betrieb eines mit dem Grundstücke verbundenen land- oder forstwirthschaftlichen Nebengewerbes angenommenen, in einem Dienst- oder Arbeitsverhältnisse[6] stehenden Personen, insbesondere des Gesindes, der Wirthschafts- und Forstbeamten, auf Lohn, Kostgeld und andere Bezüge wegen der laufenden und der aus dem letzten Jahre rückständigen Beträge;
3. die Ansprüche auf Entrichtung der öffentlichen Lasten[7] des Grundstücks wegen der laufenden und der aus den letzten zwei Jahren rückständigen Beträge;
4. die Ansprüche aus Rechten an dem Grundstücke,[8] soweit sie nicht in Folge der Beschlagnahme dem Gläubiger gegenüber unwirksam sind,[9] die Ansprüche auf wiederkehrende

Leistungen jedoch, mit Einschluß derjenigen, welche als Zuschlag zu den Zinsen behufs allmählicher Kapitalstilgung zu entrichten sind, nur wegen der laufenden und der aus den letzten zwei Jahren rückständigen Beträge;[10]

5. der Anspruch des Gläubigers,[11] soweit er nicht in einer der vorhergehenden Klassen zu befriedigen ist;[12]
6. die Ansprüche der vierten Klasse, soweit sie in Folge der Beschlagnahme dem Gläubiger gegenüber unwirksam sind;[13]
7. die Ansprüche der dritten Klasse wegen der älteren Rückstände;
8. die Ansprüche der vierten Klasse wegen der älteren Rückstände.[14]

Das Recht auf Befriedigung aus dem Grundstücke besteht auch für die Kosten der Kündigung und der die Befriedigung aus dem Grundstücke bezweckenden Rechtsverfolgung.[15] [16]

I 9, 10 1, 12, 15, 153; M. 90, 95, 98, 100, 284; II. 10 D. 36. — Pr. §§ 23—29, 36, 37, 38. — B. I art. 10, 107—116, 150—153. — S. §§ 4—12, 197. — Vgl. § 39 1 KO. (Anl. I z. Entw. II ZVG.).

1. Vgl. §§ 9 Nr. 2, 109 2, 112 ff., 155 ff.
2. nicht aber Dritter. R. 25, 235.
3. auch Versicherungsbeiträge. Dagegen in der Regel nicht die Vergütung für den Verwalter. R. 25, 230.
4. R. 17, 276. 5. § 155 1, R. 25, 232.
6. R. 27, 227.

7. öffentliche Abgaben (§§ 436, 1047 BGB.) und andere auf dem öffentlichen Recht beruhende Lasten nach Maßgabe des Landesrechts. — Vgl. § 4 EG.

8. zu § 9 A. 4 u. 6 — Auch die an Stelle eines solchen Rechts tretenden Ansprüche gehören hierher. — Rang nach §§ 879, 880 BGB. bez. Art. 184 EG.BGB. — Vgl. § 92.

9. § 23. Vgl. unter Nr. 6. — Vgl. auch § 11 1.

10. § 13. 11. zu § 9 A. 1.

12. Vgl. § 11 2.

13. Vgl. auch § 11 1 u. §§ 2 2, 3 EG.

14. § 23. Vgl. oben Nr. 4. — Vgl. auch § 11 1.

15. § 1118 BGB. Vgl. § 7 2, § 12 Nr. 1.

16. Wegen der Vorrechte der landschaftlichen und ritterschaftlichen Kreditanstalten s. § 2 2 EG.

**§ 11.** Sind Ansprüche aus verschiedenen Rechten [1] nach § 10 Nr. 4,[2] 6 oder 8 in derselben Klasse zu befriedigen, so ist für sie das Rangverhältniß maßgebend, welches unter den Rechten besteht.[3]

In der fünften Klasse geht unter mehreren Ansprüchen derjenige vor, für welchen die Beschlagnahme[4] früher erfolgt ist.

I 10 Abs. 1; M. 95; II. 11 D. 37. — Pr. § 30.

1. Wegen verschiedener Ansprüche aus demselben Rechte s. § 12.

2. für § 10 Nr. 1—3 gilt die Regel nicht. Für Nr. 1 u. 2 besteht kein Rang. Für Nr. 3 vgl. Anm. 7 zu § 10.

3. Vgl. Anm. 8 zu § 10. 4. §§ 20, 22, 27.

**§ 12.** Die Ansprüche aus einem und demselben Rechte haben unter einander folgende Rangordnung:

1. Die Ansprüche auf Ersatz der im § 10 Abs. 2 bezeichneten Kosten;

2. die Ansprüche auf wiederkehrende Leistungen und andere Nebenleistungen;[1]

3. der Hauptanspruch.

I 13; M. 98; II. 12 D. 37. — Pr. § 35. — Vgl. auch § 367 BGB.

1. soweit sie gemäß § 10 ein Recht auf Befriedigung gewähren.

## Berechnung bei wiederkehrenden Leistungen.

§ 13. Die laufenden Beträge wiederkehrender Leistungen[1] nehmen ihren Anfang von dem letzten Fälligkeitstermine vor der Beschlagnahme[2] des Grundstücks; die Rückstände werden von demselben Zeitpunkte zurückgerechnet.

Fehlt es innerhalb der letzten zwei Jahre an einem Fälligkeitstermine, so entscheidet die Zeit der Beschlagnahme.

Liegen mehrere Beschlagnahmen vor, so ist die erste[3] maßgebend. Bei der Zwangsversteigerung gilt, wenn bis zur Beschlagnahme eine Zwangsverwaltung fortgedauert hat, die für diese bewirkte Beschlagnahme als die erste.

I 14; M. 99; II. 13 D. 37. — Pr. § 36. — B. I art. 108, 109; B. II art. 3. — S. §§ 4, 194.

1. §§ 10 Nr. 4, 45 2, 47, 49, 114 2, 129, 155; § 2 2 und § 3 Satz 2 EG.

2. § 22.

3. auch wenn der erste Antragsteller seinen Antrag zurückgenommen hat.

**Ansprüche von unbestimmtem Betrage.**

§ 14. Ansprüche von unbestimmtem Betrage gelten als aufschiebend bedingt durch die Feststellung des Betrags.[2]

I 71, 160 2, 161 3; M. 178, 294, 295; II. 14 D. 37. — Pr. § 34 2.

1. Fiktion. In Wirklichkeit sind sie unbedingt.
2. Vgl. §§ 48, 50, 2 Nr. 1, 119, 120.

## Zweiter Titel.

## Zwangsversteigerung.

### I. Anordnung der Versteigerung.

**Versteigerungsbeschluß.**

§ 15. Die Zwangsversteigerung[1] eines Grundstücks[2] wird von dem Vollstreckungsgericht[3] auf Antrag[4] angeordnet.[5]

I 25 1; M. 25; II. 15 D. 38. — § 755 2 CPO.

1. Ueber das Verhältniß der Zwangsversteigerung zu der Zwangsverwaltung und der Zwangsvollstreckung durch Eintragung einer Sicherungshypothek s. § 757 b CPO. oben S. 11.

2. Ueber die entsprechende Anwendung der Vorschriften dieses Gesetzes auf ideelle Antheile am Grundstückseigenthum (Bruchtheile an Grundstücken), auf Berechtigungen, die ein Blatt im Grundbuch erhalten können, s. oben S. 12.

3. Vollstreckungsgericht s. §§ 1, 2. Vgl. auch § 13 EG.

4. Antragsberechtigt: der Gläubiger, welcher gegen den Eigenthümer (Schuldner §§ 9, 16, 17) einen

vollstreckbaren Titel wegen einer Geldforderung (Ueberschrift zu Buch 8 Abschn. 2 CPO., dessen Titel 2 die Zwangsvollstreckung in das unbewegliche Vermögen bildet) hat.

Form des Antrags: §§ 457, 463 CPO. Kein Anwaltszwang, aber Befugniß der Prozeßbevollmächtigten: §§ 74, 77 CPO. — Inhalt § 16.

5. Die Anordnung bildet den Versteigerungsbeschluß (§§ 20, 27). — Beschwerde nach § 95.

## Antrag und Anlagen.

§ 16. Der Antrag soll das Grundstück,[1] den Eigenthümer,[2] den Anspruch[3] und den vollstreckbaren Titel[4] bezeichnen.

Die für den Beginn der Zwangsvollstreckung[5] erforderlichen Urkunden[6] sind dem Antrage[7] beizufügen.[8]

Abs. 1 I 28.
Abs. 2 I 29 1, Nr. 1. } M. 124—127; II. 16 D. 38.
— Pr. § 13. — B. I art. 7, 24—27. — S. § 64.

1. Wegen Bezeichnung des Grundstückes vgl. §§ 2, 3, 89, 96 GBO.

2. Der Schuldner muß Eigenthümer sein (§§ 9, 17) s. auch § 1148 BGB.

3. wegen einer Geldforderung s. zu § 15 A. 4. Der Anspruch kann ein dinglicher Anspruch aus einem eingetragenen Rechte (§§ 26 1, 147, §§ 1147, 1192, 1200, 1107 BGB., § 702 2 CPO., Anl. II zum Entw. III BGB.) oder ein persönlicher sein.

4. §§ 644, 702 CPO., §§ 152, 179, 192 KO.; §§ 122, 483, 495 StPO.; §§ 94, 97 RAO.; §§ 60, 99 ff. des Genossenschaftsgesetzes v. 1. Mai 1889 (RGBl. S. 55) — gewerbegerichtliche Urtheile und Vergleiche (§§ 56, 59,

73 Ges. v. 29. Juli 1890 RGBl. S. 141); — s. auch unten § 132. — Außer den reichsgesetzlichen Titeln kommen auch landesgesetzliche in Betracht, z. B. in Preußen: die vor dem Schiedsmann geschlossenen Vergleiche (§§ 32, 47 Schiedsm.Ord.).

5. § 671 CPO. Die Zwangsversteigerung beginnt mit dem Versteigerungsbeschluß (§§ 19, 20), nicht erst mit dessen Zustellung an den Schuldner (§ 22).

6. d. h. die vollstreckbare Ausfertigung des Titels (§§ 662 ff., 704, 705 CPO. und auch § 705a CPO. [Anl. II z. Entw. III BGB.]) und die sonstigen zum Nachweise des Beginns der Zwangsvollstreckung — nach §§ 671, 672 CPO. — erforderlichen Urkunden. Vgl. auch § 17 2, 3.

7. Der Antragsteller muß als Gläubiger, der Eigenthümer muß als Schuldner sich aus dem Titel bez. der Vollstreckungsklausel ergeben. (§§ 671, 665 CPO.)

8. Vgl. § 5 EG.

### Voraussetzungen des Beschlusses.

§ 17. Die Zwangsversteigerung darf nur[1] angeordnet werden, wenn der Schuldner als Eigenthümer des Grundstücks eingetragen[2] oder wenn er Erbe[3] des eingetragenen Eigenthümers ist.

Die Eintragung ist durch ein Zeugniß des Grundbuchamts nachzuweisen. Ist das Vollstreckungsgericht zugleich das Grundbuchamt, so genügt statt des Zeugnisses die Bezugnahme auf das Grundbuch.

Die Erbfolge ist durch Urkunden[3] glaubhaft zu machen,[4] sofern sie nicht bei dem Gericht offenkundig ist.[5]

Abs. 1 I 26; M. 121
Abs. 2 I 29 1, Nr. 2 und 29 2, 2; M. 127, 128 } II. 17
Abs. 3 I 26 2; M. 122
D. 38. — Pr. § 14. — B. I art. 21, 26.

1. Nichtbeachtung macht die Anordnung unzulässig und begründet Versagung des Zuschlags und Beschwerde (§§ 79, 83 Nr. 6, 84, 100 3), für die Zwangsverwaltung s. § 147.

2. Vgl. § 40 1 GBO. — Der als Eigenthümer Eingetragene gilt bei Verfolgung dinglicher Ansprüche (§ 16 A. 3) zu Gunsten des Gläubigers als der Eigenthümer (§ 16). Vgl. §§ 981, 1148 BGB. u. § 26. Bei persönlichen Ansprüchen gegen einen nicht als Eigenthümer eingetragenen Schuldner gewährt § 757 c CPO. (Anl. I z. Entw. II des ZVG.) einen vollstreckbaren Titel zur Eintragung einer Sicherungshypothek, deren Eintragung von der vorgängigen Berichtigung des Grundbuchs abhängt (§ 40 GBO). Damit sind die Voraussetzungen gegeben, von denen § 14 GBO. das Recht, die Eintragung des Schuldners als Eigenthümer zu beantragen, abhängig macht. Der persönliche Gläubiger kann daher die für die Anordnung der Zwangsvollstreckung erforderliche Eintragung erlangen. Daß er zuvor die Sicherungshypothek eintragen läßt, ist nicht erforderlich. — Für den Fall, daß ein Eigenthümer sein Eigenthum am Grundstück aufgegeben hat (§ 928 BGB.) vgl. §§ 55 a, 696 g CPO. (Anl. II z. Entw. III BGB.).

3. Vgl. §§ 36, 41 GBO.

4. § 266 CPO. — Oeffentliche Urkunden sind nicht erforderlich. Namentlich wird, abweichend von § 36 GBO., auch ein eigenhändig geschriebenes und unterschriebenes Testament (§ 2231 Nr. 2, 2267 BGB.) nach Ermessen des Gerichts genügen.

5. Vgl. § 181 4.

### Gleichzeitige Versteigerung mehrerer Grundstücke.

§ 18. Die Zwangsversteigerung mehrerer Grundstücke kann[1] in demselben Verfahren erfolgen, wenn sie entweder wegen einer Forderung gegen denselben Schuldner oder wegen eines an jedem der Grundstücke[2] bestehenden Rechtes[3] betrieben wird.[4]

I 32; M. 130; II. 18 D. 38. — B. I art. 44.

1. aus Gründen der Zweckmäßigkeit, namentlich bei zersplittertem Grundbesitz, nach dem Ermessen des Gerichts. — Die im Entw. II enthaltenen Worte: „auf Antrag eines Betheiligten" sind von der Reichstagskommission gestrichen worden (Gründe nicht ersichtlich, KB. S. 12). — Voraussetzung ist die Zuständigkeit desselben Gerichts (§§ 1 und 2). Die Verbindung kann noch im Laufe des Verfahrens erfolgen.

2. auch wenn diese verschiedenen Schuldnern gehören.

3. Gesammthypothek §§ 1132, 1147, 1181 BGB; §§ 49, 59 GBO.

4. Vgl. §§ 63, 64, 112, 122.

### Versteigerungsvermerk. — Mittheilungen des Grundbuchamts.

§ 19. Ordnet das Gericht die Zwangsversteigerung an, so hat es zugleich das Grundbuchamt um Eintragung dieser Anordnung in das Grundbuch zu ersuchen.[1]

Das Grundbuchamt hat nach der Eintragung des Versteigerungsvermerkes dem Gericht eine beglaubigte Abschrift des Grundbuchblatts und der

Urkunden, auf welche im Grundbuche Bezug genommen wird,[2] zu ertheilen, die bei ihm bestellten Zustellungsbevollmächtigten zu bezeichnen und Nachricht zu geben, was ihm über Wohnort und Wohnung der eingetragenen Betheiligten und deren Vertreter bekannt ist. Statt der Ertheilung einer beglaubigten Abschrift der Urkunden genügt die Beifügung der Grundakten oder der Urkunden.[3] [4]

I 33; M. 131; II. 19 D. 38, 39. — Pr. §§ 18, 19. — B. I art. 30. — S. § 84.

1. § 39 GBO. — Eine Ablehnung wegen sachlicher Anstände steht dem Grundbuchamte nicht zu. Vgl. § 28.
2. §§ 9, 11 GBO.
3. Schlußsatz von der Reichstagskommission hinzugefügt (KB. S. 12, 13).
4. Für die Zwangsverwaltung vgl. § 146 2.

**Beschlagnahme.**

§ 20. Der Beschluß, durch welchen die Zwangsversteigerung angeordnet wird, gilt[1] zu Gunsten des Gläubigers als Beschlagnahme des Grundstücks.

Die Beschlagnahme umfaßt auch diejenigen Gegenstände, auf welche sich bei einem Grundstücke die Hypothek erstreckt.[2]

Abs. 1 I 35 Satz 1 M. 133. } II. 20 D. 39. — Pr.
Abs. 2 I 36 Satz 1 M. 134. }
§ 16 1, 2. — B. I art. 7, 26, 27. — S. § 83.

1. ohne Weiteres. — Die im Entw. I enthaltenen Worte: „Die Beschlagnahme soll in dem Beschlusse ausgesprochen werden", sind nicht aufgenommen. Es empfiehlt sich aber dies zu thun; D. 40 verweiset auf Anordnung

im Aufsichtswege. — Umfang: Absatz 2 und § 21. — Beginn der Wirksamkeit § 22. — Wirkung §§ 23, 24, 26.

2. — §§ 1120—1131 BGB., und § 757a Abs. 1 CPO. oben S. 11. Einschränkungen in § 21. — Vgl. auch § 23 2 Satz 2 und zu § 23 A. 1 am Schlusse.

**Umfang.**

§ 21. Die Beschlagnahme umfaßt land- und forstwirthschaftliche[1] Erzeugnisse des Grundstücks sowie die Forderung aus einer Versicherung[2] solcher Erzeugnisse nur, soweit die Erzeugnisse noch mit dem Boden verbunden[3] oder soweit sie Zubehör[4] des Grundstücks sind.[5]

Die Beschlagnahme umfaßt nicht die Mieth- und Pachtzinsforderungen[6] sowie die Ansprüche aus einem mit dem Eigenthum an dem Grundstücke verbundenen Rechte auf wiederkehrende Leistungen.[7] [8]

Das Recht eines Pächters auf den Fruchtgenuß[9] wird von der Beschlagnahme nicht berührt.

I 36 2, 3; M. 135; II. 21 D. 39. — Pr. § 16 2. — B. I art. 8.

1. „und forstwirthschaftliche", Zusatz der Reichstagskommission (KB. S. 13).

2. §§ 1127, 1129 BGB.

3. d. h. so lange sie wesentliche Bestandtheile des Grundstücks sind (§ 94 BGB.). Wegen der Pfändung solcher Früchte vgl. § 714 CPO. (Fassung der Anl. I zum Entw. II ZVG.).

4. d. h. soweit sie zur Fortführung der Wirthschaft bis zu der Zeit erforderlich sind, zu welcher gleiche oder ähnliche Zeugnisse voraussichtlich gewonnen werden

(§ 98 Z. 2 BGB.). Diese Gegenstände können wie auch sonstiges Zubehör eines Grundstücks (§ 98 Nr. 1 und 2) nicht gepfändet werden. (s. A. 8). — Ueber ihre Sonderverwerthung s. § 65.

5. Die Voraussetzung: „soweit . . . sind" gilt auch für die Versicherungsforderung.

6. § 1123 BGB. 7. § 1126 BGB.

8. Die Einschränkungen im Abs. 1 und 2 gelten nicht für die Beschlagnahme bei der Zwangsverwaltung (§ 148). Der Gläubiger kann sein Hypothekenrecht an den nicht zum Zubehör zu rechnenden getrennten Erzeugnissen und den in Abs. 2 gedachten Forderungen und Ansprüchen durch Pfändung geltend machen, bis die Beschlagnahme im Wege der Zwangsverwaltung geschehen ist (§ 757a 2 CPO. S. oben S. 11).

9. Das Recht des Pächters bezieht sich auch auf die nicht getrennten Erzeugnisse (§ 581 BGB. Vgl. auch § 1067 Nr. 1 Entw. I BGB.); wegen der getrennten s. §§ 1120, 956 BGB. Das Recht des Nießbrauchers hat auch wegen der getrennten Früchte dem älteren Hypothekengläubiger zu weichen. Das muß auch von dem Pächter eines Nießbrauchers gelten.

## Beginn der Wirksamkeit.

§ 22. Die Beschlagnahme des Grundstücks wird mit dem Zeitpunkte wirksam, in welchem der Beschluß, durch den die Zwangsversteigerung angeordnet ist, dem Schuldner zugestellt[1] wird. Sie wird auch wirksam mit dem Zeitpunkt, in welchem das Ersuchen um Eintragung des Versteigerungsvermerkes dem Grundbuchamte zugeht,[2] sofern auf das Ersuchen die Eintragung[3] demnächst erfolgt.

Erstreckt sich die Beschlagnahme auf eine Forderung, so hat das Gericht auf Antrag des Gläubigers dem Drittschuldner zu verbieten, an den Schuldner zu zahlen. Die Beschlagnahme wird dem Drittschuldner gegenüber erst mit dem Zeitpunkte wirksam, in welchem sie ihm bekannt oder das Zahlungsverbot ihm zugestellt[4] wird. Die Vorschriften des § 744 der Civilprozeßordnung finden entsprechende Anwendung.[5]

I 37; M. 136 ff.; II. 22 D. 39, 40. — Pr. § 16 3. — B. I art. 7. — S. §§ 83, 84.

1. von Amtswegen § 3; — s. auch § 8.

2. § 13 GBO. Schon mit diesem Zeitpunkte tritt unter der Voraussetzung, daß die Eintragung demnächst erfolgt, die Wirkung der Beschlagnahme nach § 23 ein.

3. Mit der Eintragung wirkt die Beschlagnahme auch gegenüber jedem Dritten (§ 892 1, Satz 2 BGB.); s. unten § 23 2 Satz 2.

4. Vgl. § 730, 808, 810, 815 CPO.

5. d. h. Schon vor dem Erlaß des Zahlungsverbots an den Drittschuldner und dessen Zustellung kann der Gläubiger auf Grund des vollstreckbaren Titels dem Drittschuldner und dem Schuldner durch den Gerichtsvollzieher die Benachrichtigung, daß eine Beschlagnahme bevorstehe, zustellen lassen mit der Aufforderung an den Drittschuldner, nicht an den Schuldner zu zahlen und mit der Aufforderung an den Schuldner, sich jeder Verfügung über die Forderung, insbesondere der Einziehung zu enthalten. Die Benachrichtigung an den Drittschuldner hat die Wirkung eines Arrestes (§ 810 CPO.), sofern die Beschlagnahme (gemäß § 22) innerhalb 3 Wochen bewirkt wird, von dem Tage an gerechnet, an welchem die Benachrichtigung zugestellt ist.

**Wirkung.**

§ 23. Die Beschlagnahme hat die Wirkung eines Veräußerungsverbots.[1] Der Schuldner kann jedoch, wenn sich die Beschlagnahme auf bewegliche Sachen erstreckt, über einzelne Stücke innerhalb der Grenzen einer ordnungsmäßigen Wirthschaft auch dem Gläubiger gegenüber wirksam verfügen.[2]

Kommt es bei einer gegen die Beschlagnahme verstoßenden Verfügung nach § 135 Abs. 2 des Bürgerlichen Gesetzbuchs darauf an, ob derjenige, zu dessen Gunsten verfügt wurde, die Beschlagnahme kannte, so steht die Kenntniß des Versteigerungsantrags einer Kenntniß der Beschlagnahme gleich.[3] Die Beschlagnahme gilt auch in Ansehung der mithaftenden beweglichen Sachen als bekannt, sobald der Versteigerungsvermerk eingetragen ist.[4]

Abs. 1 I 39; M. 140 ff. }
Abs. 2 I 40; M. 142 ff. } II. 23 D. 40, 41. — Pr. § 16 2, 17, 18 2. — B. I art. 8, 33. — S. §§ 83, 85.

1. §§ 135, 136 BGB. — zum Schutze des Gläubigers — mit der Wirkung, daß rechtsgeschäftliche Verfügungen des Schuldners, oder Verfügungen, die im Wege der Zwangsvollstreckung oder des Arrestes erfolgen, den Gläubigern gegenüber unwirksam sind. — — Strafrechtlicher Schutz nach § 137 StGB.

— Bedeutung der Beschlagnahme für die mithaftenden Gegenstände s. §§ 1121, 1122, 1123, 1124, 1126, 1129 BGB., und für die Erstreckung der Zwangsvollstreckung in das unbewegliche Vermögen auf solche Gegenstände. § 757a CPO. (s. oben S. 11).

— Bedeutung der Beschlagnahme für die Rangstellung des Gläubigers: § 10 Nr. 4—6, § 11 2; vgl. auch § 39 KO. (Anl. I z. Entw. II d. ZVG.).

Eine Sperre des Grundbuchs hat weder die Beschlagnahme noch die Eintragung des Versteigerungsvermerks zur Folge.

Die Beschlagnahme und ihre Wirkungen dauern bis zur Aufhebung des Verfahrens (§§ 28, 31, 32), bez. bis zur Zurücknahme des Versteigerungsantrages (§§ 29, 30). Vgl. auch § 10a KO. (in A. 3 zu § 28).

2. Verfügungsbefugniß des Schuldners trotz der Beschlagnahme — daneben Verwaltungs- und Benutzungsbefugniß (§ 24) — s. unten § 25. Anders bei der Zwangsverwaltung § 148 1, Satz 2, 148 2.

3. Der nach einer wirksamen (§ 22 1) Beschlagnahme erfolgte Erwerb gilt als schlechtgläubiger, wenn dem Erwerber zwar nicht die Beschlagnahme (das Veräußerungsverbot), aber doch der Versteigerungsantrag bekannt war.

4. Ausdehnung des § 892 1, Satz 2 BGB. auf den Erwerb mithaftender beweglicher Sachen.

## Rechte des Schuldners.

**§ 24. Die Verwaltung und Benutzung des Grundstücks verbleibt dem Schuldner nur innerhalb der Grenzen einer ordnungsmäßigen Wirthschaft.[1] [2]**

I 38; M. 138 ff.; II. 24 D. 41. — Pr. § 16 2. — B. I art. 46. — S. § 83.

1. Vgl. zu § 23 A. 2 u. § 25.

2. Für die Zwangsverwaltung vgl. § 149 und zu § 148 A. 4.

**§ 25. Ist zu besorgen, daß durch das Verhalten des Schuldners die ordnungsmäßige Wirthschaft**

gefährdet wird, so hat das Vollstreckungsgericht auf Antrag des Gläubigers die zur Abwendung der Gefährdung erforderlichen Maßregeln anzuordnen.[1] Das Gericht kann die Maßregeln aufheben, wenn der zu deren Fortsetzung erforderliche Geldbetrag nicht vorgeschossen wird.[2]

I 38, 2; M. 139; II. 25 D. 41. — B. I art. 15. — S. § 83 3.

1. Für die Zwangsverwaltung vgl. § 149 2.
2. Vgl. § 161 3.

**Eigenthumswechsel nach der Beschlagnahme.**

§ 26. Ist die Zwangsversteigerung wegen des Anspruchs aus einem eingetragenen Rechte[1] angeordnet, so hat eine nach der Beschlagnahme bewirkte Veräußerung des Grundstücks auf den Fortgang des Verfahrens gegen den Schuldner keinen Einfluß.[2 3 4]

I 41; M. 143; II. 26 C. 41. — Pr. § 17 2. — S. § 85.

1. Reallast, Hypothek, Grundschuld, Rentenschuld.
2. selbst dann nicht, wenn der Erwerber von der Beschlagnahme (§ 22) keine Kenntniß (im Sinne des § 23 2) hatte.

Anders bei der Zwangsversteigerung wegen eines persönlichen Anspruchs. Wegen eines solchen findet eine Fortsetzung beim Eigenthumswechsel nur statt, wenn der neue Eigenthümer die Beschlagnahme kannte (§ 23 2). Andernfalls kann er der Fortsetzung widersprechen (§ 690 CPO.). S. unten §§ 37 Nr. 5, 83 Nr. 5, 84.

3. Der neueingetretene (§§ 55, 67, 68) Eigenthümer ist als Betheiligter zuzuziehen, von Amtswegen im Falle

des § 9 Nr. 1; nach Anmeldung im Falle des § 9 Nr. 2.

4. Zu § 26 sind die in Aussicht genommenen §§ 238a, 293d CPO. (Anl. I zum Entw. II des ZVG.) zu beachten, welche lauten:

§ 238a. Betrifft der Rechtsstreit einen Anspruch aus einer eingetragenen Reallast, Hypothek, Grundschuld oder Rentenschuld, so ist die Entscheidung im Falle einer Veräußerung des belasteten Grundstücks in Ansehung des Grundstücks gegen den Rechtsnachfolger auch dann wirksam und vollstreckbar, wenn dieser die Rechtshängigkeit nicht gekannt hat.

Gegen den Ersteher eines im Wege der Zwangsversteigerung veräußerten Grundstücks ist die Entscheidung nur dann wirksam und vollstreckbar, wenn die Rechtshängigkeit spätestens im Versteigerungstermine vor der Aufforderung zur Abgabe von Geboten angemeldet worden ist.

§ 293d. Das rechtskräftige Urtheil wirkt für und gegen die Parteien und diejenigen Personen, welche nach dem Eintritte der Rechtshängigkeit Rechtsnachfolger der Parteien geworden sind oder den Besitz der in Streit befangenen Sache in solcher Weise erlangt haben, daß eine der Parteien oder ihr Rechtsnachfolger mittelbarer Besitzer geworden ist.

Die Vorschriften des bürgerlichen Rechtes zu Gunsten derjenigen, welche Rechte von einem Nichtberechtigten herleiten, finden entsprechende Anwendung. Betrifft jedoch das Urtheil einen Anspruch aus einer eingetragenen Reallast, Hypothek, Grundschuld oder Rentenschuld, so bestimmt sich die Wirksamkeit des Urtheils gegen einen Rechtsnachfolger nach den Vorschriften des § 238a.

### Beitritt.

**§ 27. Wird nach der Anordnung der Zwangsversteigerung ein weiterer Antrag auf Zwangsver-**

steigerung des Grundstücks[1] gestellt, so erfolgt statt des Versteigerungsbeschlusses die Anordnung, daß der Beitritt des Antragstellers zu dem Verfahren zugelassen wird.[2] Eine Eintragung dieser Anordnung in das Grundbuch findet nicht statt.[3]

Der Gläubiger, dessen Beitritt zugelassen ist, hat dieselben Rechte, wie wenn auf seinen Antrag die Versteigerung angeordnet wäre.[4]

Abs. 1 I 31; M. 129.
Abs. 2 I 31, 3. 40; M. 130, 143. } II. 27 D. 41. — Pr. § 15. — B. I art. 42. — S. § 59.

1. auch wenn der Antrag sich gegen einen neuen Eigenthümer (§ 26) richtet.

2. Beitrittsbeschluß. — Zustellung nach §§ 3, 8.

3. Der bereits eingetragene Versteigerungsvermerk wirkt zu Gunsten des Beigetretenen, sobald die Beschlagnahme nach § 22 1 Satz 1 durch Zustellung des Beitrittsbeschlusses wirksam geworden ist.

4. Das Verfahren wird für den Beigetretenen fortgesetzt, wenn der erste Versteigerungsantrag zurückgenommen ist. Der Versteigerungsvermerk bleibt stehen. (Vgl. §§ 34, 43 2. 130.)

## II. Aufhebung und einstweilige Einstellung des Verfahrens.

### Ohne Antrag des Gläubigers.

§ 28. Wird dem Vollstreckungsgericht[1] ein aus dem Grundbuch ersichtliches Recht bekannt,[2] welches der Zwangsversteigerung oder der Fortsetzung des Verfahrens entgegensteht,[3] so hat das Gericht das Verfahren entweder sofort aufzuheben oder unter

Bestimmung einer Frist, binnen welcher der Gläubiger die Hebung des Hindernisses nachzuweisen hat, einstweilen einzustellen. Im letzteren Falle ist das Verfahren nach dem Ablaufe der Frist aufzuheben, wenn nicht inzwischen[3] der Nachweis erbracht ist.

I 34, 109 2; M. 132, 222; II 28 D. 42. — Pr. §§ 20, 70, 71. — B. I art. 2. — S. §§ 65, 66.

1. § 1. 2. insbesondere gemäß § 19 2.

3. § 9 Nr. 1. — Für alle Fälle, in denen die endgültige Aufhebung oder einstweilige Einstellung des Verfahrens ohne Antrag des Gläubigers erfolgt, ist, abgesehen von der Vorschrift des § 28 und dem Falle eines nicht zu beseitigenden Mangels im Verfahren und seinen Voraussetzungen, die CPO., insbesondere §§ 685–696, maßgebend, nach denen auf Antrag des Schuldners oder eines Dritten die Aufhebung und einstweilige Einstellung bez. Fortsetzung nur gegen Sicherheitsleistung durch das Vollstreckungsgericht oder durch andere Behörden, insbesondere das Prozeßgericht, anzuordnen ist. (Vgl. dazu für Preußen, die Einstellung im Falle des Kompetenzkonflikts ohne Antrag. § 15 Nr. 1 EG.CPO., § 19 d. preuß. V. 1. Aug. 1879.) Auch im Falle der Anordnung durch eine andere Behörde hat das Vollstreckungsgericht einen Ausführungsbeschluß zu erlassen. — Wegen der Zustellung gilt § 32 und wegen der zeitlichen Grenze § 33. Die Fortsetzung im Fall einer einstweiligen Einstellung regelt § 31, das Verfahren im Falle der Aufhebung § 34, Beschwerde § 95.

§ 28 bringt eine Abweichung nur für den Fall, daß der die Aufhebung oder einstweilige Einstellung begründende Umstand ein aus dem Grundbuch ersichtliches Recht ist. Es bedarf in diesem Falle keines Antrages und keiner Feststellung des Umstandes im Wege des Rechtsstreits.

Für den Fall des Konkurses soll § 10a KO. (Anl. I z. Entw. d. ZVG.) bestimmen:

§ 10a. Ein gegen den Gemeinschuldner bestehendes Veräußerungsverbot der in den §§ 135, 136 des Bürgerlichen Gesetzbuchs bezeichneten Art ist den Konkursgläubigern gegenüber unwirksam; wirksam bleibt jedoch eine bei der Zwangsvollstreckung in das unbewegliche Vermögen erfolgte Beschlagnahme.

Es kommt also darauf an, ob vor dem Zeitpunkte der Konkurseröffnung (§ 100 KO.) die Anordnung der Zwangsversteigerung bereits dem Schuldner zugestellt war (§ 22). Nach der Konkurseröffnung darf die Zustellung nicht mehr stattfinden und ist das Verfahren, auch wenn sie etwa noch vorgenommen sein sollte, ohne Antrag aufzuheben (Vgl. §§ 11, 12 auch 3, 22, 28, 29, 30, 39 KO.).

4. d. h. bis zur Entscheidung über die Aufhebung.

## Zurücknahme des Antrages.

§ 29. Das Verfahren ist aufzuheben, wenn der Versteigerungsantrag von dem Gläubiger zurückgenommen wird.[1 2]

I 42, 107; M. 144, 219; II. 29 D. 42. — Pr. § 73. — B. I art. 11, 82 Nr. 10. — S. § 81.

1. zeitliche Grenze § 33.

2. Bekanntmachung des Beschlusses nach § 32, Löschung des Versteigerungsvermerks § 34, Beschwerde § 95.

## Einstellungsbewilligung.

§ 30. Das Verfahren ist einstweilen einzustellen, wenn der Gläubiger die Einstellung bewilligt;[1] ist die Einstellung erfolgt, so gilt eine neue Bewilligung als Rücknahme des Versteigerungsantrags.[2]

Der Bewilligung der Einstellung steht es gleich,[3] wenn von dem Gläubiger die Aufhebung des Versteigerungstermins bewilligt wird.[4]

I 108; M. 219; II. 30 D. 42. — Pr. §§ 51, 73. — B. I art. 12, B. II art. 45 Nr. 2. — S. § 82.

1. zeitliche Grenze § 33; Bekanntmachung des Einstellungsbeschlusses § 32, Fortsetzung § 31, Beschwerde § 95.
2. Folgen § 29. 3. Anm. 1.
4. Es begründet keinen Unterschied, ob sofort die Anberaumung eines neuen Termins beantragt wird oder nicht.

### Fortsetzung.

§ 31. Im Falle einer einstweiligen Einstellung[1] darf das Verfahren, soweit sich nicht aus dem Gesetz ein Anderes ergiebt,[2] nur auf Antrag des Gläubigers fortgesetzt werden.[3]

Wird der Antrag nicht binnen sechs Monaten gestellt, so ist das Verfahren aufzuheben.[4] Die Frist beginnt, wenn die Einstellung von dem Prozeßgericht angeordnet war,[5] mit der Wiederaufhebung der Anordnung,[6] in den übrigen Fällen mit der Einstellung des Verfahrens.

I 110, 111; M. 223; II. 31 D. 42. — Pr. §§ 50, 51, 69. — B. I art. 12, B. II art. 45. — S. §§ 82, 127, 135, 148.

1. §§ 28, 30. 2. §§ 28, 43 sowie § 688 2 CPO.
3. Beschwerde gegen den Fortsetzungsbeschluß § 95.

4. Beschwerde § 95. 5. Vgl. zu § 28 A. 3.

6. durch das Prozeßgericht bez. die im Instanzenzuge demselben vorgeordneten Gerichte.

## Zustellung des Beschlusses.

§ 32. Der Beschluß, durch welchen das Verfahren aufgehoben oder einstweilen eingestellt wird, ist dem Schuldner, dem Gläubiger[1] und, wenn die Anordnung von einem Dritten beantragt war, auch diesem zuzustellen.[2]

I 146; M. 273; II. 32 D. 42.

1. Vgl. § 9. 2. §§ 3 ff. — Beschwerde § 95.

## Einstellung nach Schluß der Versteigerung.

§ 33. Nach dem Schlusse der Versteigerung[1] darf, wenn ein Grund[2] zur Aufhebung oder zur einstweiligen Einstellung des Verfahrens oder zur Aufhebung des Termins vorliegt, die Entscheidung nur durch Versagung des Zuschlags gegeben werden.[3]

I 109, 3. 122; M. 222, 240; II. 33 D. 43. — Pr. § 73.

1. § 73. Es handelt sich um die Zeit zwischen dem Schlusse der Versteigerung und der Ertheilung des Zuschlags § 79 ff.

2. irgend ein Grund, insbesondere gemäß §§ 28—30.

3. Vgl. §§ 83 Nr. 5, 6, 86. — Es kann daher noch im Beschwerdewege gemäß §§ 97 ff. die Aufrechterhaltung des Versteigerungsergebnisses und die Ertheilung des Zuschlages betrieben werden.

### Löschung des Versteigerungsvermerks.

§ 34. Im Falle der Aufhebung des Verfahrens[1] ist das Grundbuchamt um Löschung des Versteigerungsvermerkes[2] zu ersuchen.

I 146; M. 273; II. 42 D. 42. — Pr. § 100. — B. I art. 71. — S. Ver. v. 16. Aug. 1884. § 7.

1. im Gegensatz zur einstweiligen Einstellung. Vgl. §§ 28, 29, 31.
2. § 19.

## III. Bestimmung des Versteigerungstermins.

### Ausführung der Versteigerung.

§ 35. Die Versteigerung wird durch das Vollstreckungsgericht[1] ausgeführt.

I 43; M. 147; II. 35 D. 43. — Pr. § 39.

1. §§ 1, 2; s. auch zu § 1 A. 4, zu § 15 A. 3.

### Terminsbestimmung. Zeit. Ort.

§ 36. Der Versteigerungstermin soll erst nach der Beschlagnahme[1] des Grundstücks und nach dem Eingange der Mittheilungen des Grundbuchamts[2] bestimmt werden.

Der Zeitraum zwischen der Anberaumung des Termins und dem Termine soll, wenn nicht besondere Gründe[3] vorliegen, nicht mehr als sechs Monate[4] betragen.

Der Termin kann nach dem Ermessen des Gerichts an der Gerichtsstelle oder an einem anderen Orte im Gerichtsbezirk abgehalten werden.

Abs. 1 I 43 M. 147. ⎫ II. 36 D. 43. Pr. 39, 42,
Abs. 2 I 46 M. 153. ⎬ 43. — B. I art. 34, 52, 53.
Abs. 3 I 47 M. 153. ⎭ — B. II. art. 45. — S. §§ 12, 89, 96, 101.

1. d. h. der bewirkten Beschlagnahme §§ 22 1, 27.
2. § 19, 2.
3. z. B. Verhütung der Versteigerung zu einer dem Schuldner ungünstigen Zeit.
4. Eine Minimalfrist von über sechs Wochen folgt aus § 43.

**Inhalt.**

§ 37. Die Terminsbestimmung[1] muß[2] enthalten:

1. die Bezeichnung des Grundstücks;[3]
2. Zeit und Ort des Versteigerungstermins;[4]
3. die Angabe, daß die Versteigerung im Wege der Zwangsvollstreckung[5] erfolgt;
4. die Aufforderung, Rechte, soweit sie zur Zeit der Eintragung des Versteigerungsvermerkes aus dem Grundbuche nicht ersichtlich waren, spätestens im Versteigerungstermine vor der Aufforderung zur Abgabe von Geboten anzumelden[6] und, wenn der Gläubiger widerspricht, glaubhaft zu machen,[7] widrigenfalls die Rechte bei der Feststellung des geringsten Gebots nicht berücksichtigt[8] und bei der Vertheilung des Versteigerungserlöses dem Anspruche des Gläubigers und den übrigen Rechten nachgesetzt werden würden;[9]
5. die Aufforderung an diejenigen, welche ein der Versteigerung entgegenstehendes Recht

haben, vor der Ertheilung des Zuschlags die Aufhebung oder einstweilige Einstellung des Verfahrens herbeizuführen,[10] widrigenfalls für das Recht der Versteigerungserlös an die Stelle des versteigerten Gegenstandes[11] treten würde.

I 44; M. 149; II. 37 D. 43. — Pr. § 40. — B. I art. 48, B. II. art. 20. S. § 97.

1. § 36 1. (Beschluß des Vollstreckungsgerichts.)

2. § 37 enthält den wesentlichen Inhalt der Terminsbestimmung; Nichtbeachtung macht die Fortsetzung des Verfahrens unzulässig und begründet Versagung des Zuschlags und Beschwerde. (§§ 83 Nr. 6, 84, 100 3.) — S. zu § 43 A. 1.

3. § 16 A. 1. — S. auch § 38. 4. § 36.

5. § 757 b CPO., s. oben S. 11.

6. § 9 Nr. 2. — Vgl. auch § 8 EG. 7. § 266 CPO.

8. §§ 45, 52 1. — Vgl. auch § 9 EG. 9. § 110.

10. § 9 Nr. 2, s. auch zu § 26 A. 2. — Die Aufforderung richtet sich auch an Dritte, welchen im Besitze des Schuldners oder des neueingetretenen Eigenthümers befindliche Zubehörstücke gehören (§ 55 2).

11. § 90.

§ 38. Die Terminsbestimmung soll[1] die Bezeichnung des zur Zeit der Eintragung des Versteigerungsvermerkes eingetragenen Eigenthümers sowie die Angabe des Grundbuchblatts und der Größe des Grundstücks enthalten.[2]

I 45, 1; M. 152; II. 38 D. 43. Pr. § 40. — B. I art 48; Nr. 8. — S. § 97 Nr. 2.

1. Nicht wesentlicher Inhalt; s. zu § 37 A. 2.

2. Vgl. § 6 EG.

**Oeffentliche Bekanntmachung.**

§ 39. Die Terminsbestimmung muß[1] durch einmalige Einrückung in das für Bekanntmachungen des Gerichts bestimmte Blatt öffentlich bekannt gemacht werden.[2]

Hat das Grundstück nur einen geringen Werth, so kann das Gericht anordnen, daß die Einrückung unterbleibt; in diesem Falle muß[1] die Bekanntmachung dadurch erfolgen, daß die Terminsbestimmung in der Gemeinde, in deren Bezirke das Grundstück belegen ist, an die für amtliche Bekanntmachungen bestimmte Stelle angeheftet wird.

I 48; M. 153; II. 39 D. 44. — Pr. § 46. — B. I art. 64. — S. §§ 90 ff.

1. Wesentliche Vorschrift; Nichtbefolgung macht die Fortsetzung des Verfahrens unzulässig und begründet Versagung des Zuschlags und Beschwerde (§§ 83 Nr. 6, 84, 100 3).

2. s. jedoch Abs. 2 und § 40.

§ 40. Die Terminsbestimmung soll[1] an die Gerichtstafel angeheftet werden. Ist das Gericht nach § 2 Abs. 2 zum Vollstreckungsgerichte bestellt, so soll die Anheftung auch bei den übrigen Gerichten bewirkt werden.

Das Gericht ist befugt, noch andere und wiederholte Veröffentlichungen zu veranlassen; bei der Ausübung dieser Befugniß ist insbesondere auf den Ortsgebrauch Rücksicht zu nehmen.[2]

I 48, 49; M. 154, 155; II. 40 D. 44. Pr. § 46.

1. Nicht wesentliche Form der Bekanntmachung s. zu § 39 A. 1. Vgl. § 7 EG.

2. Der letzte Satz ist von der Reichstagskommission hinzugefügt. (KB. S. 14.)

### Zustellung an die Betheiligten.

§ 41. Die Terminsbestimmung ist[1] den Betheiligten[2] zuzustellen.

Im Laufe der zweiten Woche vor dem Termine soll[3] den Betheiligten[2] mitgetheilt werden, auf wessen Antrag und wegen welcher Ansprüche die Versteigerung erfolgt.

Als Betheiligte gelten auch diejenigen, welche das angemeldete Recht noch glaubhaft zu machen haben.[4]

Abs. 1 und 3 I 52; M. 156; Abs. 2 I 54; M. 158; } II. 41 D. 44 — Pr. § 47. — B. I art. 62. — S. § 100.

1. Wesentliche Vorschrift s. §§ 43 2, 83 Nr. 1, 84. Zustellung von Amtswegen §§ 3 ff.

2. s. § 9 und Abs. 3.

3. Ordnungsvorschrift, von Bedeutung wegen § 44 2.

4. § 9 Nr. 2.

### Offenlegung der Nachrichten über das Grundstück.

§ 42. Die Einsicht der Mittheilungen des Grundbuchamts[1] sowie der erfolgten Anmeldungen[2] ist Jedem gestattet.

Das Gleiche gilt von anderen das Grundstück betreffenden Nachweisungen, welche ein Betheiligter einreicht, insbesondere von Abschätzungen.[3]

I 55 2; M. 159; II. 42. — Pr. §§ 40 Nr. 7, 44.

1. § 19 2.

2. „sowie der erfolgten Anmeldungen" ist von der Reichstagskommission hinzugefügt. (KB. S. 15.)

3. s. auch §§ 64, 112 u. § 11 EG. — Ein Abs. 3 des Entw. II, welcher ein von einem Beamten aufzunehmendes Verzeichniß der Zubehörstücke vorsah, ist von der Reichstagskommission gestrichen worden, weil solches Verzeichniß über die Frage, was als Zubehör anzusehen sei, nicht entscheiden und leicht irre führen könne (KB. S. 15).

**Neuer Versteigerungstermin.**

§ 43. Der Versteigerungstermin ist aufzuheben und von neuem zu bestimmen, wenn die Bekanntmachung der Terminsbestimmung[1] nicht sechs Wochen vor dem Termine bewirkt ist.[2]

Das Gleiche gilt, wenn nicht zwei Wochen vor dem Termine dem Schuldner ein Beschluß, auf Grund dessen die Versteigerung erfolgen kann,[3] und allen Betheiligten, die schon zur Zeit der Anberaumung des Termins dem Gerichte bekannt waren, die Terminsbestimmung zugestellt ist,[4] es sei denn, daß derjenige, in Ansehung dessen die Frist nicht eingehalten ist, das Verfahren genehmigt.

Abs. 1 I 50, 57; M. 155, 160; } II. 43 D. 44.
Abs. 2 I 52 2, 3, 58; M. 156, 157, 160; }
Pr. §§ 42 (75 Nr. 6), 49 (75 Nr. 8), 79. — S. §§ 63, 99.

1. §§ 37, 39. In dem Entw. II war als zweiter Fall vorgesehen, „wenn die Terminsbestimmung nicht den in § 37 vorgeschriebenen Inhalt“ hat. Die Worte sind von der Reichstagskommission gestrichen, weil unter Terminsbestimmung eine wirksame Terminsbestimmung zu verstehen sei. Vgl. zu § 37 A. 2.

2. Zuwiderhandlung führt stets zur Versagung des Zuschlags §§ 83 Nr. 7, 84. — In der Beschwerdeinstanz ist sie von Amtswegen zu berücksichtigen. § 100 3.

3. Für den ersten Beschlagnahmebeschluß ergiebt es sich von selbst, daß zwischen der Zustellung und dem Termine mehr als zwei Wochen liegen werden (§§ 22, 36, 43 1). Dagegen muß, wenn ein Beitritt erfolgt ist, und das Verfahren nach Zurücknahme des ersten Versteigerungsantrages fortgesetzt werden soll, der Beitrittsbeschluß dem Schuldner mindestens zwei Wochen vor dem Termine zugestellt sein. — Vgl. auch § 44 2.

4. § 41.

5. Vgl. §§ 83 Nr. 1, 84 — sowie § 105 4.

## IV. Geringstes Gebot. Versteigerungsbedingungen.

### Geringstes Gebot.

§ 44. Bei der Versteigerung wird nur ein solches Gebot zugelassen, durch welches die dem Anspruche des Gläubigers vorgehenden Rechte [1] sowie die aus dem Versteigerungserlöse zu entnehmenden Kosten des Verfahrens [2] gedeckt werden (geringstes Gebot).[3]

Wird das Verfahren wegen mehrerer Ansprüche von verschiedenem Range betrieben, so darf der vorgehende Anspruch [4] der Feststellung des geringsten Gebots nur dann zu Grunde gelegt werden, wenn der wegen dieses Anspruchs ergangene Beschluß dem Schuldner zwei Wochen vor dem Versteigerungs-termine zugestellt ist.[5]

Abs. 1 I 59 1; M. 161;
Abs. 2 I 64 2; M. 166; } II. 44 D. 45. — Pr. §§ 22, 54 2. — B. I art. 22, B. II art. 1 1, 2. — S. §§ 10, 62, 93 3.

1. Das Rangverhältniß ergiebt das Grundbuch. §§ 879, 880, 881 BGB. — § 46 GBO. und § 10, s. auch §§ 1, 8, 15 EG.

2. § 109.

3. Deckungsprinzip. Zu dessen Durchführung dient das geringste Gebot. (Vgl. auch § 71 1.) — Die Deckung erfolgt dadurch, daß die bei der Feststellung des geringsten Gebotes nach § 44 berücksichtigten Rechte bestehen bleiben, oder durch Baarzahlung zu decken sind. (§§ 52, 49.) Aus diesen beiden Theilen setzt sich das geringste Gebot im Sinne der §§ 44, 66 zusammen. Das Vollstreckungsgericht hat festzustellen (§ 66), welche Rechte bestehen bleiben, und wieviel nach § 49 mindestens baar zu zahlen ist. Eine Uebernahme der bestehen bleibenden Rechte von Grundstücken nach ihrem Kapitalwerthe in Anrechnung auf das Gebot (wie nach §§ 22, 57 3 des preuß. Gesetzes v. 13. Juli 1883) erübrigt sich. (Vgl. jedoch § 53.) Der Ersteher hat auf das mit jenen (nach § 66 im Einzelnen bezeichneten) Rechten belastet bleibende Grundstück sein Baargebot in dem aus § 49 sich ergebenden Mindestbetrage abzugeben. Das Baargebot bildet den zu vertheilenden Versteigerungserlös (§§ 107 ff., indbesondere zu § 113 A. 1).

4. welcher an und für sich für die Feststellung des geringsten Gebotes der maßgebende sein würde. — Mit der Vorrechtseinräumung ist nach § 880 BGB. nicht blos obligatorische, sondern dingliche Wirkung verknüpft. Betreibt der zurücktretende Gläubiger die Zwangsversteigerung, so fällt das Recht des vortretenden in das

geringste Gebot; im andern Falle bleibt der zurücktretende Gläubiger außerhalb des geringsten Gebotes.

5. Vgl. auch § 43 2.

**Berücksichtigung bei dessen Feststellung.**

§ 45. Ein Recht ist bei der Feststellung des geringsten Gebots insoweit, als es zur Zeit der Eintragung des Versteigerungsvermerks aus dem Grundbuch ersichtlich war, nach dem Inhalte des Grundbuchs, im Uebrigen nur dann zu berücksichtigen, wenn es rechtzeitig angemeldet und, falls der Gläubiger widerspricht, glaubhaft gemacht wird.[1]

Von wiederkehrenden Leistungen, die nach dem Inhalte des Grundbuchs zu entrichten sind, brauchen die laufenden Beträge[2] nicht angemeldet, die rückständigen[2] nicht glaubhaft gemacht zu werden.

Abs. 1 I 60, 61 1; Abs. 2 I 61 4; } M. 162—164; II. 45 D. 45. — Pr. §§ 55, 56 Schlußsatz. — B. II art. 2, 3, 15, 20. — S. §§ 12, 102, 103, 105.

1. §§ 19 2, 37 Nr. 4, 9 Nr. 2, s. auch § 8 EG.

2. § 13. — Berücksichtigt werden die in § 10 Nr. 1 bis 3 und die in § 12 Nr. 1 und 2 bezeichneten Ansprüche auf laufende und rückständige Leistungen nur, soweit sie nach § 10 Nr. 2—4 vor dem Anspruche des Gläubigers zu befriedigen sind. — Vgl. § 155.

§ 46. Für wiederkehrende Leistungen, die nicht in Geld bestehen, hat das Gericht einen Geldbetrag festzusetzen, auch wenn ein solcher nicht angemeldet ist.

I 62 2; M. 164; II. 46 D. 45. — Pr. 55 6. — B. II art. 3 4. — S. § 5.

1. Der angemeldete und erforderlichenfalls glaubhaft gemachte Betrag ist zu Grunde zu legen; die Festsetzung des Gerichts geschieht nur aushilfsweise. — Beides unbeschadet anderweiter Feststellung im Vertheilungsverfahren.

**§ 47. Laufende Beträge regelmäßig wiederkehrender Leistungen sind für die Zeit bis zum Ablaufe von zwei Wochen nach dem Versteigerungstermine zu decken.[1] Nicht regelmäßig wiederkehrende Leistungen werden mit den Beträgen berücksichtigt, welche vor dem Ablaufe dieser Frist zu entrichten sind.**

I 6 2; M. 164; II. 47 D. 45. — Pr. § 55 4. — B. II art. 3. — S. § 14.

1. Unbeschadet ihrer anderweiten Berechnung bis zum Zuschlage im Vertheilungsverfahren (§§ 56 Satz 2, 89, 104). — Die zweiwöchige Frist soll nur möglichen Schädigungen eines Gläubigers, dessen Anspruch gedeckt werden muß, vorbeugen.

**§ 48. Bedingte Rechte[1] sind wie unbedingte, Rechte, die durch Eintragung eines Widerspruchs oder einer Vormerkung gesichert sind,[2] wie eingetragene Rechte zu berücksichtigen.**

I 63; M. 165; II. 48 D. 46. — Pr. § 55 3. — B. II. art. 2 2. — S. §§ 7, 8.

1. Rechte an Grundstücke, bedingte Belastungen. Hypotheken können für unbedingte persönliche Forderungen bedingt bestellt werden; ist die persönliche Forderung bedingt, so ist es auch die Hypothek. — s. auch § 14.

— Wegen der nicht bestehenden oder wegfallenden bedingten Rechte s. §§ 50, 51; wegen der Behandlung bedingter Rechte im Vertheilungsverfahren s. §§ 119, 120.

2. §§ 899, 883 BGB.

### Baargebot — Zahlungspflicht des Erstehers.

§ 49. Der Theil des geringsten Gebots, welcher zur Deckung der Kosten sowie der im § 10 Nr. 1 bis 3 und im § 12 Nr. 1, 2 bezeichneten Ansprüche bestimmt ist,[1] desgleichen der das geringste Gebot übersteigende Betrag des Meistgebots ist von dem Ersteher im Vertheilungstermine[2] baar zu berichtigen (Baargebot).

Das Baargebot ist von dem Zuschlag an zu verzinsen.[3]

Der Ersteher wird durch Hinterlegung von seiner Verbindlichkeit befreit, wenn die Hinterlegung[4] und die Ausschließung der Rücknahme[4] im Vertheilungstermine nachgewiesen werden.

I 65; M. 167, 168; II. 49 D. 46. — Pr. § 57 6, 102 3. — B. I art. 55 Nr. 1, B. II art. 6, 8, 9. — S. §§ 13, 14, 15, 131.

1. Das Meistgebot auf das nach § 52 belastet bleibende Grundstück muß mindestens ein Baargebot sein, welches dem baar zu zahlenden Theile des geringsten Gebotes im Sinne der §§ 44, 66 entspricht (s. zu §§ 44 A. 2).

2. Zahlungszeit (vgl. §§ 107, 108).

3. Verzinslichkeit (vgl. § 56 Satz 2), Zinsfuß: 4%, sofern nicht ein Anderes bestimmt wird (§ 59). — § 246 BGB.

4. §§ 372 ff., 378 BGB. — § 107 3.

**Erweiterung der Zahlungspflicht.**

§ 50. Soweit eine bei der Feststellung des geringsten Gebots berücksichtigte[1] Hypothek, Grundschuld oder Rentenschuld nicht besteht,[2 3] hat der Ersteher außer dem Baargebot auch den Betrag des berücksichtigten Kapitals zu zahlen. In Ansehung der Verzinslichkeit, des Zinssatzes, der Zahlungszeit, der Kündigung und des Zahlungsorts bleiben die für das berücksichtigte Recht getroffenen Bestimmungen[4] maßgebend.

Das Gleiche[5] gilt:

1. wenn das Recht bedingt[6] ist und die aufschiebende Bedingung ausfällt oder die auflösende Bedingung eintritt;
2. wenn das Recht noch an einem anderen Grundstücke besteht, und an dem versteigerten Grundstücke nach den besonderen Vorschriften über die Gesammthypothek erlischt.[7]

Haftet der Ersteher im Falle des Abs. 2 Nr. 2 zugleich persönlich,[8] so ist die Erhöhung des zu zahlenden Betrags ausgeschlossen, soweit der Ersteher nicht bereichert ist.[9]

I 69, 71; M. 172, 173, 174; II. 50 D. 46, 47. — Pr. §§ 58, 59. — B. II art. 7 2. — S. § 16 2.

1. § 45.

2. zur Zeit des Zuschlags: § 56 Satz 2 (gleichgültig, ob das Nichtbestehen zu dieser Zeit im Vertheilungsverfahren oder nach dessen Beendigung hervortritt). — Der Ersteher würde einen unberechtigten Gewinn haben, wenn er das Grundstück mit geringerer

Belastung erwürbe, als er bei Abgabe des Gebots auf Grund der Feststellung der bestehen bleibenden Rechte angenommen hat. — Statt der Ersatzübernahme (Pr. §§ 58, 59) tritt eine entsprechende Erhöhung der Zahlungspflicht ein. (S. A. 4 u. zu § 125 A. 1).

3. nicht besteht, d. h. nicht entstanden oder wieder erloschen ist (§ 130 2). — Hier sind die Vorschriften des BGB. über die Eigenthümer-Hypothek (§§ 889, 1143, 1153, 1163, 1168, 1170, 1172, 1173, 1175) zu berücksichtigen. In diesen Fällen besteht die Hypothek (als Grundschuld in den Fällen des § 1177) für den bisherigen Eigenthümer weiter. — In Betracht kommen Eintragungen, die von einem Nichtberechtigten bewilligt sind, oder auf nichtigen oder unwirksamen Eintragsbewilligungen des Berechtigten (§§ 105, 117, 118, 134, 138 BGB.), oder auf Eintragungsbewilligungen wegen nichtiger oder ungültiger Forderungen beruhen; auch anfechtbare Hypotheken (Anfechtungsgesetz v. 21. Juli 1879 RGB. S. 277).

4. nicht die nach § 49 für das Baargebot sonst maßgebenden.

5. Abs. 2 setzt voraus, daß die unter Nr. 1 u. 2 aufgeführten Rechte (d. h. Hypotheken, Grundschulden, Rentenschulden — wegen anderer Rechte s. § 51) mit dem Zuschlage als Lasten auf den Ersteher übergehen (§ 56 Satz 2), aber demnächst in Wegfall kommen, sei es auch erst nach Beendigung des Vertheilungsverfahrens.

6. s. zu § 48. Hypotheken für künftige Forderungen stehen unter der aufschiebenden Bedingung, daß diese entstehen. — Dem Ersteher steht nach § 1163 BGB. die Hypothek zu, wenn die Forderung wegen Ausfalls der aufschiebenden Bedingung nicht zur Entstehung gelangt (Nichteintritt des Anfangstermines § 163 BGB.); er erwirbt die Hypothek, wenn die Forderung wegen Eintritt der auflösenden Bedingungen (Eintritt des Endtermines § 163 BGB.) erlischt. — In beiden Fällen

würde ihm dadurch ein unberechtigter Vermögensvortheil erwachsen, denn die Hypothek ist wie eine unbedingte berücksichtigt worden. (§ 48).

7. §§ 1173, 1174 1, 1175 (§ 418 1 Satz 2) 1181, 1182 BGB.

8. Vgl. § 53.

9. Eine Bereicherung des Erstehers liegt nicht vor, soweit ein Ersatzanspruch des Eigenthümers des andern Grundstücks gegen den Ersteher begründet ist. (Vgl. §§ 1173 2, 1182, 426, 401 BGB.)

§ 51. Ist das berücksichtigte Recht nicht eine Hypothek, Grundschuld oder Rentenschuld, so finden die Vorschriften des § 50[1] entsprechende Anwendung.[2] Der Ersteher hat statt des Kapitals den Betrag, um welchen sich der Werth des Grundstücks erhöht, drei Monate nach erfolgter Kündigung zu zahlen und von dem Zuschlag an zu verzinsen.[2]

Der Betrag soll von dem Gerichte bei der Feststellung des geringsten Gebots bestimmt werden.

I 70; M. 71; II. 51 D. 47. — Pr. § 58 2, 3.

1. Abs. 1 u. 2.

2. Hier kommen besonders die Reallasten (Altentheil, Auszug, Leibgedinge und andere zeitlich beschränkte Rechte) in Frage.

2. zu § 49 A. 3.

## Bestehenbleiben und Erlöschen der Rechte.

§ 52. Ein Recht bleibt insoweit bestehen, als es bei der Feststellung des geringsten Gebots berücksichtigt[1] und nicht durch Zahlung zu decken ist. Im Uebrigen erlöschen die Rechte.

Das Recht auf eine der in den §§ 912[2] bis 917[3] des Bürgerlichen Gesetzbuchs bezeichneten Renten bleibt auch dann bestehen, wenn es bei der Feststellung des geringsten Gebots nicht berücksichtigt ist.

I 66, 72; M. 169; II. 52 D. 47. Pr. §§ 22, 57. — B. I art. 57; II. art. 1, 8. — S. § 10.

1. s. zu § 44 A. 2. — Es entscheidet für die Anwendung des § 52 lediglich die Thatsache der Berücksichtigung. Ausnahme in Abs. 2 und § 9 EG. — Eine Verletzung der Vorschriften über die Feststellung des geringsten Gebots begründet nach §§ 83 Nr. 4, 84 Versagung des Zuschlags, nach § 100 Beschwerde.

2. Ueberbau. 3. Nothweg.

### Eintritt des Erstehers in die persönliche Schuld.

§ 53. Haftet bei einer Hypothek, die bestehen bleibt,[1] der Schuldner zugleich persönlich, so übernimmt der Ersteher die Schuld in Höhe der Hypothek;[2] die Vorschriften des § 416 des Bürgerlichen Gesetzbuchs finden mit der Maßgabe entsprechende Anwendung, daß als Veräußerer im Sinne dieser Vorschriften der Schuldner anzusehen ist.[2]

Das Gleiche gilt, wenn bei einer Grundschuld oder Rentenschuld, die bestehen bleibt, der Schuldner zugleich persönlich haftet,[3] sofern er spätestens im Versteigerungstermine vor der Aufforderung zur Abgabe von Geboten die gegen ihn bestehende Forderung unter Angabe ihres Betrags und Grundes angemeldet und auf Verlangen des Gerichts oder eines Betheiligten glaubhaft gemacht hat.[4]

I 67₁ u. ₃; M. 169; II. 53 D. 47. — Pr. § 115₃. — B. II. art. 6. — S. § 16₃.

1. § 52. — Wegen der persönlichen Haftung des Erstehers für die einzelnen Leistungen einer Reallast s. § 1108 BGB.

2. Der Ersteher wird erst persönlicher Schuldner des Gläubigers und die Befreiung des Schuldners tritt erst ein mit der Genehmigung des Gläubigers (§ 416 BGB.).

3. Die persönliche Schuld bildet in diesem Falle nicht die Grundlage der dinglichen Belastung, sondern steht neben dieser (nach Art einer Korrealverbindlichkeit).

4. § 266 CPO. Die Glaubhaftmachung wird insbesondere den Zusammenhang der persönlichen Forderung mit der Grundschuld klar zu stellen haben.

**Kündigung.**

**§ 54. Die von dem Gläubiger dem Eigenthümer oder von diesem dem Gläubiger erklärte Kündigung[1] einer Hypothek, einer Grundschuld oder einer Rentenschuld ist dem Ersteher gegenüber nur wirksam, wenn sie spätestens in dem Versteigerungstermine vor der Aufforderung zur Abgabe von Geboten erfolgt und bei dem Gericht angemeldet worden ist[2]**

**Das Gleiche gilt von einer aus dem Grundbuche nicht ersichtlichen Thatsache, in Folge deren der Anspruch vor der Zeit geltend gemacht werden kann.[3]**

I 68₁, ₂; M. 171; II. 54 D. 47. — Pr. § 57₅. — B. II. art. 6₂. — S. § 20.

1. § 1141 BGB.

2. Daß dies vom Gläubiger selbst geschieht, ist nicht nothwendig.

3. Die in Abs. 2 erwähnten Fälle ergeben sich aus den in Aussicht genommenen §§ 238a und 293d der CPO. S. zu § 26 A. 4.

## Gegenstand der Versteigerung.

§ 55. Die Versteigerung des Grundstücks erstreckt sich auf alle Gegenstände, deren Beschlagnahme noch wirksam ist.[1]

Auf Zubehörstücke, die sich im Besitze des Schuldners oder eines neu eingetretenen Eigenthümers[2] befinden, erstreckt sich die Versteigerung auch dann, wenn sie einem Dritten gehören,[3] es sei denn, daß dieser sein Recht nach Maßgabe des § 37 Nr. 5 geltend gemacht hat.[3] [4]

I 73; M. 178, 179; II. 55 D. 48. — B. I art. 8, 36.

1. Vgl. §§ 20—24. 2. § 26.
3. Die Zubehöreigenschaft ist nach §§ 97, 98 BGB. nicht an die Voraussetzung geknüpft, daß die Sachen dem Eigenthümer des Grundstücks gehören. — Von der Beschlagnahme werden sie nicht ergriffen (§ 1120 BGB., § 20) und können deshalb vom Grundstücke rechtswirksam entfernt werden. Entscheidend ist die Zubehöreigenschaft und der Besitz des Schuldners oder des neueingetretenen Eigenthümers z. Z. der Versteigerung. Vgl. auch § 37 Nr. 5.
4. Vgl. § 90 2.

## Uebergang der Gefahr, Nutzungen und Lasten.

§ 56. Die Gefahr des zufälligen Unterganges geht in Ansehung des Grundstücks mit dem Zuschlag,[1] in Ansehung der übrigen Gegenstände[2] mit dem Schlusse der Versteigerung[3] auf den Ersteher über. Von dem Zuschlag an gebühren dem Ersteher die Nutzungen und trägt er die Lasten.[4] Ein Anspruch auf Gewährleistung[5] findet nicht statt.

I 74; M. 179 ff.; II. 56 D. 48. — Pr. § 97. — B. I art. 55. — S. §§ 18, 176.

1. §§ 89, 90. 2. § 55.

3. § 73. Weder dem Schuldner noch anderen Betheiligten kann billigerweise für die Zwischenzeit bis zu Versteigerung die Gefahr aufgebürdet werden.

4. S. zu § 44 A. 1, zu § 56 A. 3.

5. weder wegen Mängel im Recht des Schuldners (§§ 37 Nr. 5, 55, 90, 91), noch wegen Mängel der Sache (Verschlechterung).

## Miethe und Pacht.

§ 57. Ist das Grundstück einem Miether oder Pächter überlassen, so finden die Vorschriften der §§ 571, 572, des § 573 Satz 1 und der §§ 574, 575 des Bürgerlichen Gesetzbuchs entsprechende Anwendung.[1] Der Ersteher ist jedoch berechtigt, das Mieth- oder Pachtverhältniß unter Einhaltung der gesetzlichen Frist[2] zu kündigen. Die Kündigung ist ausgeschlossen, wenn sie nicht für den ersten Termin erfolgt, für den sie zulässig ist.[3]

I 141; M. 266, 268; II. 57 D. 48. — Pr. § 22 3 Satz 2.

1. d. h. der Ersteher tritt an Stelle des Vermiethers in die während der Dauer seines Eigenthums aus dem

Miethverhältnisse sich ergebenden Rechte und Pflichten (§ 571 1), wobei der Vermiether dem Miether als Bürge nach Maßgabe des § 571 2 Satz 1 haftet, jedoch von dieser Haftung befreit wird, wenn der Miether das Miethverhältniß nach erlangter Kenntniß von dem Eigenthumswechsel nicht zum ersten zulässigen Termin kündigt (§ 571 2 Satz 2). Der Ersteher tritt in die Rechte des Vermiethers hinsichtlich einer von dem Miether für die Erfüllung seiner Verpflichtungen bestellten Sicherheit nach Maßgabe des § 572. Eine Verfügung, die der Vermiether vor dem Zuschlage über den auf die spätere Zeit entfallenden Miethzins getroffen hat, muß der Ersteher insoweit gelten lassen, als sie sich auf das zur Zeit des Zuschlags laufende und das folgende Kalendervierteljahr bezieht (§ 573 1). Ein Rechtsgeschäft, das zwischen dem Miether und Vermiether in Ansehung der Miethzinsforderung vorgenommen wird, insbesondere die Entrichtung des Miethzinses, ist dem Ersteher gegenüber wirksam, soweit es sich nicht auf den Miethzins für eine spätere Zeit, als das Kalendervierteljahr, in welchem der Miether von dem Eigenthumswechsel Kenntniß erlangt, und das folgende Vierteljahr bezieht. Hat aber der Vermiether bei der Vornahme des Rechtsgeschäftes von dem erfolgten Eigenthumsübergange Kenntniß gehabt, so ist das Rechtsgeschäft unwirksam (§ 574). — Soweit die Entrichtung des Miethzinses an den Vermiether nach § 574 dem Ersteher gegenüber wirksam ist, kann der Miether gegen die Miethzinsforderung des Erstehers mit einer ihm gegen den Vermiether zustehenden Forderung aufrechnen; es sei denn, daß der Miether die Gegenforderung erst erworben hat, nachdem er von dem Uebergange des Eigenthums Kenntniß erlangt hat, oder daß die Gegenforderung erst nach Erlangung der Kenntniß und später als der Miethzins fällig geworden ist. Das Gleiche gilt hinsichtlich der Pacht § 581 2 BGB.

2. §§ 565, 595 BGB. 3. Vgl. § 183.

**Kosten des Zuschlags.**

§ 58. Die Kosten des Beschlusses, durch welchen der Zuschlag ertheilt wird, fallen dem Ersteher zur Last.

I 75; M. 181; II. 58 D. 49. Pr. § 84 1. — B. I art. 107.

**Abänderung der gesetzlichen Kaufbedingungen.**

§ 59. Jeder Betheiligte[1] kann eine von den gesetzlichen Vorschriften abweichende Feststellung des geringsten Gebots und der Versteigerungsbedingungen[2] verlangen. Wird durch die Abweichung das Recht eines anderen Betheiligten beeinträchtigt, so ist dessen Zustimmung erforderlich[3].

Sofern nicht feststeht,[4] ob das Recht durch die Abweichung beeinträchtigt wird, ist das Grundstück mit der verlangten Abweichung und ohne sie auszubieten.[5]

Soll das Fortbestehen eines Rechtes bestimmt werden, das nach § 52 erlöschen würde, so bedarf es nicht der Zustimmung eines nachstehenden Betheiligten.[6]

I 76; M. 182, 183; II. 59 D. 49. — Pr. § 45 1. — B. I art. 24, 60, 61. — S. § 109.

1. § 9. — S. auch § 26 A. 3.

2. Zu den gesetzlichen Versteigerungsbedingungen gehören im Grunde auch die Vorschriften über die Feststellung des geringsten Gebots (§§ 44—49); die sonstigen

gesetzlichen Versteigerungsbedingungen enthalten die §§ 49 bis 58.

3. Ausnahme §§ 60, 61. — § 9 EG.

4. Redaktionelle Aenderung der Reichstagskommission statt: Ist ungewiß, ob u. s. w.

5. Doppeltes Ausgebot zur Feststellung ob eine Beeinträchtigung stattfindet; s. auch § 61.

6. der dadurch regelmäßig nicht beeinträchtigt wird.

### Feststellung von Zahlungsfristen.

§ 60. Jeder Betheiligte kann verlangen, daß für den das geringste Gebot übersteigenden Betrag [1] des Meistgebots Zahlungsfristen als Versteigerungsbedingung festgestellt werden; [2] die Zustimmung eines anderen Betheiligten ist nicht erforderlich. [3] Soweit Zahlungsfristen bewilligt werden, ist das Gebot von dem Zuschlag an zu verzinsen. [4]

I 78; M. 184 ff.; II. 60 D. 49. — B. I 59, B. II art. 10. — S. § 14 2.

1. § 49.
2. Die Zulassung von Zahlungsfristen entspricht den Gewohnheiten großer Rechtsgebiete namentlich Süddeutschlands.
3. Wegen doppelten Ausgebots s. § 61.
4. Vgl. zu § 49 A. 3.

§ 61. Im Falle des § 60 ist auf Antrag eines Betheiligten, dessen Recht durch die Bewilligung von Zahlungsfristen beeinträchtigt werden würde, [1] das Grundstück mit Zahlungsfristen und ohne sie auszubieten. Der Zuschlag wird auf Grund des mit Zahlungsfristen erfolgten Ausgebots nur ertheilt, wenn ein Dritter[2] unter Sicherheitsleistung[3] sich verpflichtet, die dem Ersteher obliegende Zahlung vollständig oder mit einem Abzug im Versteigerungstermine zu bewirken, und wenn im Falle eines Abzugs nach dessen Abrechnung das Meistgebot mit Zahlungsfristen höher ist als das andere Meistgebot.

In Ansehung der Verpflichtung des Dritten finden die Vorschriften des § 53, in Ansehung der Sicherheitsleistung die Vorschriften des § 69 entsprechende Anwendung. Die Sicherheitsleistung ist nicht erforderlich, wenn für ein eigenes Gebot des Dritten Sicherheitsleistung nicht verlangt werden könnte.[4]

Wird der Dritte bei der Ertheilung des Zuschlags für zahlungspflichtig erklärt,[5] so tritt die Forderung gegen den Dritten als Versteigerungserlös an die Stelle der Forderung gegen den Ersteher;[6] die Forderung gegen den Ersteher steht dem Dritten zu.

I 78; M. 185, 186; II. 61 D. 49.

1. insbesondere des Gläubigers, und der gleich- und nachstehenden Berechtigten, deren Interesse Baarzahlung erheischt, — aber auch des Schuldners.

2. Dieser Dritte tritt dann den Betheiligten gegenüber an die Stelle des Erstehers, dessen Kreditgeber er ist. — Vgl. Abs. 2 u. 3.

3. zum vollen Betrage der übernommenen Verpflichtung.

4. § 67 2, 3.

5. § 82.

6. § 134.

### Vorbereitung der Versteigerungsbedingungen.

§ 62. Das Gericht kann schon vor dem Versteigerungstermin Erörterungen[1] der Betheiligten über das geringste Gebot und die Versteigerungsbedingungen veranlassen, zu diesem Zwecke auch einen besonderen Termin bestimmen.

I 56; M. 159; II. 62 D. 50. — Pr. § 45 2, 3. — B. II. art. 24.

1. Die Feststellung erfolgt erst im Versteigerungstermine. § 66.

### Mehrheit von Grundstücken.

§ 63. Mehrere in demselben Verfahren zu versteigernde[1] Grundstücke[2] sind einzeln auszubieten.[3]

Jeder Betheiligte[5] kann verlangen, daß neben dem Einzelausgebot alle Grundstücke und, sofern einige von ihnen mit einem und demselben Rechte belastet sind,[6] auch diese Grundstücke zusammen ausgeboten werden.[7] Auf Antrag kann das Gericht auch in anderen Fällen das Gesammtausgebot einiger der Grundstücke anordnen.[4] [8]

Das Gesammtausgebot kann vor oder nach dem Einzelausgebot erfolgen.[4]

Wird bei dem Einzelausgebot auf eines der Grundstücke ein Meistgebot abgegeben, das mehr beträgt als das geringste Gebot für dieses Grundstück, so erhöht sich bei dem Gesammtausgebote das geringste Gebot um den Mehrbetrag. Der Zuschlag wird auf Grund des Gesammtausgebots nur ertheilt, wenn das Meistgebot höher ist als das Gesammtergebniß der Einzelausgebote.

Das Einzelausgebot unterbleibt, wenn die anwesenden[5] Betheiligten zustimmen, deren Rechte bei der Feststellung des geringsten Gebots nicht zu berücksichtigen sind.

I 80, 81, 82; M. 187—191; II. 63 D. 50. — B. I art. 49, 51, B. II. art. 12, 19. S. §§ 28—30, 34, 35, 39.

1. § 18.

2. selbstständige (einheitliche). — Die Buchung auf einem gemeinschaftlichen Blatt hebt die Selbstständigkeit nicht auf. §§ 4, 86 GBO.

3. Einzelausgebot bildet die Regel, — Ausnahme in Abs. 5. Unterlassung des Einzelgebots begründet Versagung des Zuschlags und Beschwerde nach §§ 83 Nr. 2, 84, 100.

4. Die Abs. 2 u. 3 sind durch die Reichstagskommission geändert. Im Entw. II hieß es:

> Jeder Betheiligte kann verlangen, daß die Grundstücke oder einige von ihnen auch zusammen ausgeboten werden. (Vgl. KB. S. 23—25.)

5. § 9. — Interessirt sind nur die bei Feststellung des geringsten Gebots nicht zu berücksichtigenden Betheiligten.

6. gleichgültig, ob dies dem Anspruche des Gläubigers vorgeht oder nicht. — Für ersteren Fall s. § 64.

7. Für das Gesammtausgebot wird das geringste Gebot durch die Summe der geringsten Gebote für die einzelnen Grundstücke gebildet. — Erhöhung im Falle des Abs. 4. — Unterlassung des Gesammtausgebots begründet Versagung des Zuschlags und Beschwerde nach §§ 83 Nr. 2, 84, 100.

8. Gegen die Anordnung keine Beschwerde. § 95.

9. Das etwaige Interesse der abwesenden Betheiligten an einem Einzelausgebot wird nicht beachtet. (Vgl. KB. S. 24.)

§ 64. Werden mehrere Grundstücke, die mit einer dem Anspruche des Gläubigers vorgehenden Gesammthypothek belastet sind, in demselben Verfahren versteigert, so ist auf Antrag[1] die Gesammthypothek bei der Feststellung des geringsten Gebots für das einzelne Grundstück nur zu dem Theilbetrage[2] zu berücksichtigen, der dem Verhältnisse des Werthes[3] des Grundstücks zu dem Werthe der sämmtlichen Grundstücke entspricht; der Werth wird unter Abzug der Belastungen berechnet, die der Gesammthypothek im Range vorgehen und bestehen bleiben.[4] Antragsberechtigt sind der Gläubiger, der Eigenthümer und jeder dem Hypothekengläubiger[5] gleich- oder nachstehende Betheiligte.

Wird der im Abs. 1 bezeichnete Antrag gestellt, so kann der Hypothekengläubiger[5] bis zum Schlusse der Verhandlung im Versteigerungstermine[6] verlangen, daß bei der Feststellung des geringsten Gebots für die Grundstücke nur die seinem Anspruche vorgehenden Rechte berücksichtigt werden; in diesem Falle sind die Grundstücke auch mit der verlangten Abweichung[7] auszubieten.[8] Erklärt sich nach erfolgtem Ausgebote der Hypothekengläubiger der Aufforderung des Gerichts ungeachtet nicht darüber, welches Ausgebot für die Ertheilung des Zuschlags maßgebend

**sein soll, so verbleibt es bei der auf Grund des Abs. 1 erfolgten Feststellung des geringsten Gebots.[9]**

**Diese Vorschriften finden entsprechende Anwendung, wenn die Grundstücke mit einer und derselben Grundschuld oder Rentenschuld belastet sind.**

II. 64 D. 50—52.

1. im Entw. II heißt es: „auf Antrag der Betheiligten". — Die Antragsberechtigten bezeichnet der Schlußsatz in Abs. 1. (Aenderung der Reichstagskommission KB. S. 29.)

2. An und für sich würde die Gesammthypothek, die bei dem Gesammtausgebot nur einmal zu berücksichtigen ist, beim Einzelausgebot für jedes Grundstück zum vollen Betrage zu berücksichtigen sein. (§ 1132 BGB.)

3. Vgl. § 11 EG., — s. auch § 42.

4. § 1172 2 BGB.

5. der Gesammthypothek.

6. §§ 73, 74; s. insbesondere zu § 73 A.

7. die hier folgenden Worte des Entw. II: „der Betrag seiner Gesammthypothek auf die zu versteigernden Grundstücke in anderer Weise vertheilt wird oder" sind von der Reichstagskommission gestrichen. (KB. S. 29, 30.)

8. Doppelausgebot (: „auch"). Die Abweichung von § 44 besteht darin, daß die Gesammthypothek und die ihr nachstehenden, dem Anspruche des Gläubigers aber vorgehenden Rechte zahlbar werden, — s. auch § 83 Nr. 3.

9. und deren Folgen. Die nach Abs. 1 vertheilte Gesammthypothek erlischt, sobald der Zuschlag erfolgt ist (§§ 91, 44, 49, 52) in Ansehung der einzelnen Grundstücke zu dem Betrage, welcher bei der Feststellung des geringsten Gebots für das Grundstück nicht berücksichtigt ist; soweit sie Berücksichtigung gefunden hat, bleibt sie

an jedem Grundstück als Einzelhypothek bestehen. Ist nur ein Theil der mitbelasteten Grundstücke versteigert, so dauert die Gesammthypothek an den nicht versteigerten Grundstücken als solche in ihrem bisherigen Umfange fort; auch im Verhältnisse zu den einzelnen Hypotheken an den versteigerten Grundstücken bleibt sie insoweit Gesammthypothek (D. 52).

Der Schlußsatz ist von der Reichstagskommission hinzugefügt (KB. S. 26).

### Sonderverwerthung mithaftender Gegenstände.

**§ 65. Das Gericht kann auf Antrag anordnen, daß eine Forderung oder eine bewegliche Sache von der Versteigerung des Grundstücks ausgeschlossen und besonders versteigert werden soll.[1] Auf Antrag kann auch eine andere Art der Verwerthung angeordnet, insbesondere zur Einziehung einer Forderung ein Vertreter bestellt oder die Forderung einem Betheiligten mit dessen Zustimmung an Zahlungsstatt überwiesen werden. Die Vorschriften der §§ 718, 721, 736 der Civilprozeßordnung finden entsprechende Anwendung. Der Erlös ist zu hinterlegen.[2]**

**Die besondere Versteigerung oder die anderweitige Verwerthung ist nur zuläßig, wenn das geringste Gebot erreicht ist.[3]**

I 84; M. 191; II. 65 D. 52. — S. § 45.

1. Widerspruchsrecht eines Hypothekengläubigers, dessen Recht bestehen bleibt, wegen Gefährdung der Sicherheit nach §§ 1134, 1135 BGB.

2. Ueber die Zugehörigkeit des Erlöses zur Theilungsmasse s. § 107 1 Satz 2.
3. also erst nach Schluß der Versteigerung.

### V. Versteigerung.

**Gang der Verhandlung.**

§ 66. In dem Versteigerungstermine werden nach dem Aufrufe der Sache die das Grundstück betreffenden Nachweisungen,[1] die das Verfahren betreibenden Gläubiger,[2] deren Ansprüche,[3] die Zeit der Beschlagnahme[4] und die erfolgten Anmeldungen[5] bekannt gemacht, hierauf das geringste Gebot[6] und die Versteigerungsbedingungen[7] nach Anhörung der anwesenden Betheiligten,[8] nöthigenfalls mit Hülfe eines Rechnungsverständigen, unter Bezeichnung der einzelnen Rechte festgestellt und die erfolgten Feststellungen verlesen.

Nachdem dies geschehen, hat das Gericht auf die bevorstehende Ausschließung weiterer Anmeldungen hinzuweisen[9] und sodann zur Abgabe von Geboten aufzufordern.

Abs. 1 I 85, 86; M. 192—194; } II. 66 D. 52. —
Abs. 2 I 88; M. 194; }
Pr. §§ 52, 61. — B. I art. 69, B. II art. 24. — S. §§ 120, 121.

1. § 42. 2. §§ 9, 15, 27.
3. §§ 16, 27 (§ 13 3). 4. §§ 22, 23.
5. §§ 9 Nr. 2, 37 Nr. 4, 45, 53 2, 54. — § 8 EG.
6. §§ 44—48. — § 8 EG.
7. §§ 49—58. — § 9 EG.

8. §§ 59—61 und § 62.
9. § 37 Nr. 4; s. auch § 83 Nr. 4, §§ 84, 100.

## Sicherheitsleistung des Bieters.

§ 67. Ein Betheiligter,[1] dessen Recht durch Nichterfüllung des Gebots beeinträchtigt werden würde, kann Sicherheitsleistung[2] verlangen, jedoch nur sofort nach Abgabe des Gebots. Das Verlangen gilt auch für weitere Gebote desselben Bieters.

Steht dem Bieter eine durch das Gebot ganz oder theilweise gedeckte Hypothek, Grundschuld oder Rentenschuld zu, so braucht er Sicherheit nur auf Verlangen des Gläubigers[3] zu leisten. Auf Gebote des Schuldners oder eines neu eingetretenen Eigenthümers[4] findet diese Vorschrift keine Anwendung.

Für ein Gebot des Reichs, der Reichsbank oder eines Bundesstaats kann Sicherheitsleistung nicht verlangt werden.[5] Das Gleiche gilt in Ansehung eines Gebots, zu dessen Erfüllung sich nach § 61 ein Dritter verpflichtet hat.[6]

Abs. 1 I 90 1 Satz 1, 91 1;
Abs. 2 I 93;
Abs. 3 I 90 2 Satz 2; } M. 196—201, 204. II.
67 D. 52, 53. — Pr. § 62. — B. I art. 55 Nr. 4, art. 74 1, 2. B. II art. 17. — S. §§ 14 1, 134.

1. § 9. 2. Höhe § 68 1. — Art § 69.
3. sowohl des ersten (§ 16) als eines beitretenden (§ 27).
4. § 26. — Höhe der Sicherheit § 68 3. — Art § 69.
5. § 10 Nr. 1 EG.

6. Dagegen hat der Dritte Sicherheit zu leisten (§ 61 1, 2). — Höhe § 68. — Art § 69.

## Höhe der Sicherheitsleistung.

§ 68. Die Sicherheit ist für ein Zehntel des Baargebots,[1] wenn aber der Betrag der aus dem Versteigerungserlöse zu entnehmenden Kosten höher ist, für diesen Betrag zu leisten.

Ein Betheiligter, dessen Recht nach § 52 bestehen bleibt, kann Sicherheitsleistung bis zur Höhe des Betrags verlangen, welcher zur Deckung der seinem Rechte vorgehenden Ansprüche durch Zahlung zu berichtigen ist.[2]

Bietet der Schuldner oder ein neu eingetretener Eigenthümer des Grundstücks,[3] so kann der Gläubiger Sicherheitsleistung bis zur Höhe des Betrags verlangen, welcher zur Deckung seines Anspruchs durch Zahlung zu berichtigen ist.

I. 92; M. 201—203; II. 68 D. 53. — Pr. § 62. — B. I art. 73. — S. §§ 14, 119 Nr. 3, 132.

1. § 49. 2. § 49. 3. § 67.

## Art der Sicherheitsleistung.

§ 69. Die Sicherheitsleistung ist durch Hinterlegung von Geld oder inländischen Werthpapieren[1] zu bewirken.[2] Werthpapiere sind zur Sicherheitsleistung nur geeignet, wenn sie auf den Inhaber lauten und einen Kurswerth haben; den Inhaberpapieren stehen Orderpapiere gleich, die mit Blankoindossament versehen sind. Mit Werthpapieren kann die Sicherheit in Höhe des ganzen Kurswerths[3] geleistet werden.

Die Uebergabe an das Gericht hat die Wirkung der Hinterlegung.[4 5]

I 94, Satz 1 und 2; M. 205; II. 69 D. 53. — Pr. § 64. — B. I art. 55. — S. § 133.

1. mit den Zinsscheinen u. s. w. (§ 234 2 BGB.). Mündelgeldsicherheit (§ 234, 1807 BGB.) ist nicht erforderlich; der Betheiligte (§ 67 1) kann sich auch mit jeder andern Art der Sicherheitsleistung begnügen.

2. Die Wirkung ergiebt § 233 BGB.

3. Abweichung von § 234 3 BGB.

4. §§ 372 ff. BGB. — Das Gericht, wenn es nicht selbst Hinterlegungsstelle ist, hat die Hinterlegung bei dieser nach Maßgabe der Landesgesetze zu bewirken.

5. Ueber Sicherheitsleistung durch Stellung eines Bürgen § 10 Nr. 2 EG.

### Entscheidung über die Sicherheitsleistung.

§ 70. Das Gericht hat über die Sicherheitsleistung sofort[1] zu entscheiden.

Erklärt das Gericht die Sicherheit für erforderlich, so ist sie sofort zu leisten.[2] Unterbleibt die Leistung,[3] so ist das Gebot zurückzuweisen.[4]

Wird das Gebot ohne Sicherheitsleistung zugelassen und von dem Betheiligten, welcher die Sicherheit verlangt hat, nicht sofort[5] Widerspruch erhoben, so gilt das Verlangen als zurückgenommen.

Abs. 1 I 95; M. 207;
Abs. 2 I 90; M. 198; } II. 70 D. 54. — Pr. § 62.
Abs. 3 I 95; M. 207;

1. über ihre Erforderlichkeit: nachdem sie verlangt ist (§ 67 1); über ihre genügende Bestellung: nachdem sie geleistet ist (§§ 68, 69).

2. nach § 69.

3. in der genügenden Höhe und Art.

4. als unwirksam (§ 71 1).

5. nachdem das Gericht das Gebot ohne Sicherheitsleistung zugelassen hat.

6. Die Entscheidungen des Gerichts unterliegen keiner Beschwerde (§ 95), kommen auch für die Entscheidung über den Zuschlag nicht in Betracht (§ 83).

## Unwirksames Gebot.

§ 71. Ein unwirksames Gebot[1] ist zurückzuweisen.

Ist die Wirksamkeit eines Gebotes von der Vertretungsmacht desjenigen, welcher das Gebot für den Bieter abgegeben hat, oder von der Zustimmung eines Anderen oder einer Behörde abhängig, so erfolgt die Zurückweisung, sofern nicht die Vertretungsmacht oder die Zustimmung bei dem Gericht offenkundig ist oder durch eine öffentlich beglaubigte Urkunde[2] sofort[3] nachgewiesen wird.

I 89; M. 194—196; II. 71 D. 54. — Pr. § 65. — B. I art. 74, B. II Art. 26 Nr. 1. — S. §§ 111 1, 117.

1. Fälle z. B. §§ 44 1, 70 2, 71 2.
2. § 129 BGB., § 29 BGO.
3. bei der Abgabe des Gebotes.

### Erlöschen des Gebotes.

§ 72. Ein Gebot erlischt, wenn ein Uebergebot zugelassen[1] wird und ein Betheiligter der Zulassung nicht sofort[2] widerspricht. Das Uebergebot gilt als zugelassen, wenn es nicht sofort[2] zurückgewiesen wird.

Ein Gebot erlischt auch dann, wenn es zurückgewiesen wird und der Bieter oder ein Betheiligter der Zurückweisung nicht sofort[3] widerspricht.

Das Gleiche gilt, wenn das Verfahren einstweilen eingestellt[4] oder der Termin aufgehoben wird.[5]

I 98; M. 209 ff.; II. 72 D. 54. — Pr. § 66. — B. I art. 75. — S. § 122.

1. f. Satz 2.
2. nach der Abgabe des Uebergebots. Der Vorbieter bleibt im Falle des Widerspruchs trotz des Uebergebots gebunden.
3. nach der Zurückweisung § 71; der Bieter bleibt im Falle des Widerspruchs trotz der Zurückweisung gebunden.
4. §§ 30, 31, 75—77.
5. Hier findet keine weitere Gebundenheit des Bieters statt (§ 85 3).

### Dauer und Schluß der Versteigerung.

§ 73. Zwischen der Aufforderung zur Abgabe von Geboten[1] und dem Zeitpunkt, in welchem bezüglich sämmtlicher zu versteigernder Grundstücke[2] die Versteigerung geschlossen wird, muß mindestens eine Stunde liegen. Die Versteigerung muß so lange fortgesetzt werden, bis der Aufforderung des Gerichts ungeachtet ein Gebot nicht mehr abgegeben wird.[3]

Das Gericht hat das letzte Gebot und den Schluß der Versteigerung[4] zu verkünden. Die Verkündung des letzten Gebots soll mittelst dreimaligen Aufrufs erfolgen.

I 100; M. 211; II. 73 D. 54. — Pr. § 68. — B. II art. 24. — S. §§ 120, 130.

1. § 66 2.

2. §§ 18, 63 1—3. Die Stunde braucht nicht für jedes Einzelgrundstück eingehalten zu werden. — Zusatz der Reichstagskommission (KB. S. 30, 31).

3. Nichtbeachtung des Abs. 1 begründet Versagung des Zuschlags (§§ 83, 84) und Beschwerde (§ 100).

4. Der Schluß der Versteigerung deckt sich nicht mit dem Schlusse der Verhandlung im Versteigerungstermine (§§ 64, 85). Vgl. § 74.

### Verhandlung über Ertheilung des Zuschlags.

§ 74. Nach dem Schlusse der Versteigerung sind die anwesenden Betheiligten über den Zuschlag zu hören.[1]

I 102; M. 213; II. 74 D. 54. — Pr. § 72. — S. § 148.

1. Vgl. § 78 Schlußsatz.

### Zahlung an das Gericht.

§ 75. Zahlt nach dem Beginne der Versteigerung[1] der Schuldner oder ein Dritter, der berechtigt ist, den Gläubiger zu befriedigen,[2] den zur Befriedigung und zur Deckung der Kosten erforderlichen Betrag an das Gericht, so wird das Verfahren einstweilen[3] eingestellt.[4]

I 103; M. 214; II. 75 D. 54. — Pr. § 70 3. — S. § 81.

1. also im Versteigerungstermine (§ 66). Vorher darf das Gericht Zahlungen nicht annehmen.

2. §§ 268, 1150 BGB.

3. Die Zahlung an das Gericht befriedigt den Gläubiger und befreit den Schuldner noch nicht.

4. Eines ausdrücklichen Antrags bedarf es bei dem Zwecke der Zahlung nicht. — Beschwerde nach § 95.

### Deckung des Anspruchs des Gläubigers durch ein Einzelgebot.

§ 76. Wird bei der Versteigerung mehrerer Grundstücke auf eines oder einige so viel geboten, daß der Anspruch des Gläubigers gedeckt ist, so wird[1] das Verfahren in Ansehung der übrigen Grundstücke einstweilen[2] eingestellt; die Einstellung unterbleibt, wenn sie dem berechtigten Interesse des Gläubigers widerspricht.[3]

Ist die einstweilige Einstellung erfolgt, so kann der Gläubiger die Fortsetzung des Verfahrens verlangen, wenn er ein berechtigtes Interesse[4] daran hat, insbesondere wenn er im Vertheilungstermine nicht befriedigt worden ist. Beantragt der Gläubiger die Fortsetzung nicht vor dem Ablaufe von drei

Monaten nach dem Vertheilungstermine, so gilt der Versteigerungsantrag als zurückgenommen.[5]

I 104; M. 215, 216; II. 76 D. 55. — B. I art. 5. — S. § 33.

1. Ein ausdrücklicher Antrag ist nicht unbedingte Voraussetzung, aber ohne Einstellungsantrag (des Schuldners oder des neueingetretenen Eigenthümers) jedenfalls kein Beschwerderecht (§ 95) wegen unterlassener Einstellung.

2. Das Gebot gewährt noch keine Befriedigung des Gläubigers.

3. weil er andernfalls schneller oder für ihn vortheilhafter zur Befriedigung zu gelangen Aussicht hat. Beschwerderecht des Gläubigers, wenn die Einstellung gegen seinen Widerspruch geschah (§ 95).

4. s. A. 3.

5. Das Verfahren ist hinsichtlich der übrigen Grundstücke aufzuheben (§§ 29, 34).

**Ergebnißlosigkeit der Versteigerung.**

§ 77. Ist ein Gebot nicht abgegeben oder sind sämmtliche Gebote erloschen,[1] so wird das Verfahren einstweilen eingestellt.[2]

Bleibt die Versteigerung in einem zweiten Termine gleichfalls ergebnißlos, so wird das Verfahren aufgehoben.[3] Liegen die Voraussetzungen für die Anordnung der Zwangsverwaltung[4] vor, so kann auf Antrag des Gläubigers das Gericht anordnen, daß das Verfahren als Zwangsverwaltung fortgesetzt wird. In einem solchen Falle bleiben die Wirkungen der für die Zwangsversteigerung erfolgten Beschlagnahme[5] bestehen; die Vorschrift des § 155

Abs. 1 findet jedoch auf die Kosten der Zwangsversteigerung keine Anwendung.

I 105; M. 216; II. 77 D. 55. — Pr. § 69. — B. I art. 70. — S. § 127.

1. § 72.
2. Fortsetzung des Verfahrens nur auf Antrag des Gläubigers nach § 31.
3. §§ 32, 34.
4. § 757b CPO. (s. oben S. 11) und dritter Titel dieses Abschnitts.
5. §§ 23, 27.

**Terminsprotokoll.**

§ 78. Vorgänge in dem Termine, die für die Entscheidung über den Zuschlag oder für das Recht eines Betheiligten in Betracht kommen, sind durch das Protokoll festzustellen; bleibt streitig, ob oder für welches Gebot der Zuschlag zu ertheilen ist, so ist das Sachverhältniß mit den gestellten Anträgen in das Protokoll aufzunehmen.[1]

I 106; M. 217; II. 78 D. 55. — Pr. § 80. — B. I art. 78, B. II art. 25, 45 Nr. 7. — S. § 136.

1. Die Form des Protokolls ergiebt sich aus der entsprechenden Anwendung der §§ 145—150 CPO. — Vgl. §§ 80, 85.

### VI. Entscheidung über den Zuschlag.

**Beschlußfassung.**

§ 79. Bei der Beschlußfassung über den Zuschlag ist das Gericht an eine Entscheidung, die es[1] vorgetroffen hat, nicht gebunden.

I 120; M. 237; II. 79. — § 9 pr. Ges. v. 4. März 1879; B. I art. 24, 32, 36, 42, 43, 47, 60. — S. §§ 61, 68, 80 f. auch §§ 69, 73, 75, 81.

1. das Gericht selbst. — An eine Vorentscheidung des Beschwerdegerichts (§ 95) ist das Vollstreckungsgericht gebunden.

§ 80. Vorgänge in dem Versteigerungstermine, die nicht aus dem Protokoll ersichtlich sind,[1] werden bei der Entscheidung über den Zuschlag nicht berücksichtigt.

I 106 2; M. 218; II. 80. Pr. §§ 72, 81.

1. § 78.

### Ertheilung des Zuschlags.

§ 81. Der Zuschlag ist dem Meistbietenden zu ertheilen.

Hat der Meistbietende das Recht aus dem Meistgebot an einen Anderen abgetreten und dieser die Verpflichtung aus dem Meistgebot übernommen, so ist, wenn die Erklärungen im Versteigerungstermin abgegeben oder nachträglich durch öffentlich beglaubigte Urkunden[2] nachgewiesen werden, der Zuschlag nicht dem Meistbietenden, sondern dem Anderen zu ertheilen.

Erklärt der Meistbietende im Termin oder nachträglich in einer öffentlich beglaubigten Urkunde,[2] daß er für einen Anderen geboten habe, so ist diesem der Zuschlag zu ertheilen, wenn die Vertretungsmacht des Meistbietenden oder die Zustimmung des Anderen entweder bei dem Gericht offenkundig ist oder durch eine öffentlich beglaubigte Urkunde[2] nachgewiesen wird.[3]

Wird der Zuschlag ertheilt, so haften der Meistbietende und der Ersteher[4] als Gesammtschuldner.

Abs. 1 I 113 1; M. 225—227; } II. 81 D. 55, 56.
Abs. 2—4 I 123; M. 240—242; }
Pr. § 75 Nr. 10, 87 2, 83. B. I art. 76. — S. § 125.

1. wenn ein wirksames Meistgebot zur Zeit des Zuschlags vorliegt (§§ 71 u. 72) und der Zuschlag nicht nach §§ 83 ff. versagt werden muß. Vgl. auch § 73 2. — Beschwerde nach §§ 97, 100.
2. § 129 BGB.; § 29 GBO.
3. Beschwerderecht des Andern in den Fällen der Abs. 2 und 3 nach §§ 97, 100.
4. Abs. 2 und 3.

§ 82. In dem Beschlusse,[1] durch welchen der Zuschlag ertheilt wird, sind das Grundstück, der Ersteher, das Gebot und die Versteigerungsbedingungen zu bezeichnen; auch ist im Falle des § 61 der Dritte, welcher die Verpflichtung des Erstehers übernommen hat, unter Angabe seiner Schuld für zahlungspflichtig[2] und im Falle des § 81 Abs. 4 der Meistbietende für mithaftend zu erklären.[3]

I 124; M. 242, 243; II. 82 D. 56. — Pr. § 83. — B. I art. 78 Nr. 2, 3, 6. — S. § 131.

1. Beschluß (kein Urtheil) im Sinne der CPO.
2. Vgl. § 134. 3. Vgl. § 132.

**Versagung des Zuschlags.**

§ 83. Der Zuschlag ist zu versagen:[1 2]

1. wenn die Vorschrift des § 43 Abs. 2 oder eine der Vorschriften über die Feststellung des

geringsten Gebots[3] oder der Versteigerungsbedingungen[4] verletzt ist;

2. wenn bei der Versteigerung mehrerer Grundstücke das Einzelausgebot oder das Gesammtausgebot den Vorschriften des § 63 Abs. 1, Abs. 2 Satz 1, Abs. 5 zuwider unterblieben ist;
3. wenn in den Fällen des § 64 Abs. 2 Satz 1, Abs. 3 die Hypothek, Grundschuld oder Rentenschuld oder das Recht eines gleich- oder nachstehenden Betheiligten, der dem Gläubiger vorgeht, durch das Gesammtergebniß der Einzelausgebote nicht gedeckt werden;
4. wenn die nach der Aufforderung zur Abgabe von Geboten erfolgte Anmeldung oder Glaubhaftmachung eines Rechtes ohne Beachtung der Vorschrift des § 66 Abs. 2 zurückgewiesen ist;
5. wenn der Zwangsversteigerung oder der Fortsetzung des Verfahrens das Recht eines Betheiligten entgegensteht;[5]
6. wenn die Zwangsversteigerung oder die Fortsetzung des Verfahrens aus einem sonstigen Grunde[6] unzulässig ist;
7. wenn eine der Vorschriften des § 43 Abs. 1 oder des § 43 Abs. 1 verletzt ist.

I 114, 118; M. 225, 227—230, 232—234; II. 83 D. 55, 56. — Pr. §§ 75, 78. — B. I art. 82, B. II. art. 24, 26, 27. — S. §§ 63, 128, 130, 148.

1. Die Versagungsgründe sind ausschließliche. Vgl. zu § 81 A. 1.

2. Die Gründe in Nr. 1—5 enthalten Gesetzesverletzungen, durch die lediglich bestimmte Rechte betroffen werden; sie bleiben daher — unter der Voraussetzung des § 84 — bei der Entscheidung über den Zuschlag außer Betracht. — Die Tragweite der in Nr. 6, 7 vorgesehenen Verstöße läßt sich nicht mit Sicherheit übersehen; sie bilden unter allen Umständen Versagungsgründe und sind auch in der Beschwerdeinstanz von Amtswegen zu berücksichtigen (§ 100 Nr. 3).

3. §§ 44—49.

4. der gesetzlichen (§§ 49—58) oder der vereinbarten (§§ 59, 62).

5. zu § 26 A. 2, § 37 Nr. 5.

6. außer den in Nr. 5 gedachten; s. §§ 17, 37, 39. — Vgl. auch §§ 28—31, 75, 76, 77, 95 und zu § 79 A. 1.

§ 84. Die im § 83 Nr. 1 bis 5 bezeichneten Versagungsgründe stehen der Ertheilung des Zuschlags nicht entgegen, wenn das Recht des Betheiligten durch den Zuschlag nicht beeinträchtigt[1] wird oder wenn der Betheiligte das Verfahren genehmigt.

Die Genehmigung ist durch eine öffentlich beglaubigte Urkunde[2] nachzuweisen.

I 115, 116; M. 230—232; II. 84 D. 56. Pr. §§ 77, 78 2. — B. I art. 31, 82, 84. — S. §§ 128, 148.

1. Im Falle der Beeinträchtigung s. unten § 85.

2. § 129 BGB., § 29 GBO.

## Aussetzung des Zuschlags.

§ 85. Der Zuschlag ist zu versagen, wenn vor dem Schlusse der Verhandlung[1] ein Betheiligter, dessen Recht durch den Zuschlag beeinträchtigt werden würde, die Bestimmung eines neuen Versteigerungstermins beantragt und sich zugleich zum Ersatze des durch die Versagung des Zuschlags entstehenden Schadens verpflichtet, auch auf Verlangen eines anderen Betheiligten Sicherheit[2] leistet. Die Vorschriften des § 67 Abs. 3 Satz 1 und des § 69 finden entsprechende Anwendung. Die Sicherheit ist in Höhe des im Vertheilungstermine durch Zahlung zu berichtigenden Theiles des bisherigen Meistgebots zu leisten.

Die neue Terminsbestimmung ist auch dem Meistbietenden zuzustellen.

Für die weitere Versteigerung gilt das bisherige Meistgebot mit Zinsen[3] von dem durch Zahlung zu berichtigenden Theile des Meistgebots unter Hinzurechnung derjenigen Mehrkosten, welche aus dem Versteigerungserlöse zu entnehmen sind,[4] als ein von dem Betheiligten abgegebenes Gebot.[5]

In dem fortgesetzten Verfahren findet die Vorschrift des Abs. 1 keine Anwendung.

I 119; M. 234, 235; II. 85 D. 56. Pr. § 74. — S. § 126.

1. Vgl. zu § 73 A. 4.

2. für den vollen Betrag des Baargebots. (Schlußsatz zu Abs. 1.) (Vgl. zu § 49 A. 3.)

3. zu 4%; vom Tage des Versteigerungstermins, in welchem sonst der Zuschlag hätte ertheilt werden können. (§§ 87, 89, 49 2.)

4. § 109.

5. Der bisherige Meistbietende wird frei. § 42 3.

### Wirkung der Versagung des Zuschlags.

§ 86. Die rechtskräftige[1] Versagung des Zuschlags wirkt, wenn die Fortsetzung des Verfahrens zulässig ist,[2] wie eine einstweilige Einstellung,[3] anderenfalls wie die Aufhebung[4] des Verfahrens.

I 145; M. 272, 273; II. 86. — Pr. § 99. — S. § 135.

1. mit Ablauf der mit der Verkündung des Beschlusses beginnenden (§ 98) Nothfrist für die sofortige Beschwerde (§ 96 und § 540 2 CPO.); bezw. durch die letztinstanzliche (§ 531 CPO.) Entscheidung über die Beschwerde.
2. Vgl. § 83 Nr. 5, 6.
3. § 31. 4. § 34.

### Verkündung des Beschlusses.

§ 87. Der Beschluß, durch welchen der Zuschlag ertheilt oder versagt wird, ist in dem Versteigerungstermin oder in einem sofort[1] zu bestimmenden Termine zu verkünden.

Der Verkündungstermin soll nicht über eine Woche hinaus bestimmt werden.[2] Die Bestimmung des Termins ist zu verkünden und durch Anheftung an die Gerichtstafel bekannt zu machen.

Sind nachträglich Thatsachen oder Beweismittel vorgebracht, so sollen in dem Verkündungstermine die anwesenden Betheiligten hierüber gehört werden.[3]

I 121; M. 238—240; II. 87. — Pr. §§ 81, 82. — B. I art. 78 Nr. 6. — S. § 131.

1. im Versteigerungstermin.

2. Vgl. § 281 CPO.

3. Der Verkündungstermin gilt als Fortsetzung des Versteigerungstermins — § 74.

### Zustellung des Beschlusses.

§ 88. Der Beschluß, durch welchen der Zuschlag ertheilt wird, ist den Betheiligten,[1] soweit sie weder im Versteigerungstermine noch im Verkündungstermin erschienen sind,[2] und dem Ersteher[3] sowie im Falle des § 61 dem für zahlungspflichtig erklärten Dritten[3] und im Falle des § 81 Abs. 4 dem Meistbietenden[3] zuzustellen.[4] Als Betheiligte gelten auch diejenigen, welche das angemeldete Recht noch glaubhaft zu machen haben.

I § 25; M. 243; II. 88. — Pr. § 85. — S. § 52 1.

1. Vgl. den Schlußsatz.

2. Für die Erschienenen (auch den Schuldner) genügt die Verkündung. § 98 Satz 2.

3. Für den Ersteher und gegen den Dritten und den Meistbietenden bildet der Beschluß einen vollstreckbaren Titel (§ 93, 132, 134). Die Wirkung des Zuschlags hängt aber nicht von der Zustellung ab (§ 89).

4. nach §§ 3—7. — Eine Zustellung des den Zuschlag versagenden Beschlusses findet nicht statt. — Vgl. auch § 98.

### Zeitpunkt der Wirksamkeit des Zuschlags.

§ 89. Der Zuschlag wird mit der Verkündung wirksam.

I 142; M. 268; II. 89. — Pr. § 97.

§§ 294, 535 CPO. — Vgl. aber die in § 90 1 bestimmte Voraussetzung, sowie § 104 1. — Der Eintritt der Wirkungen nach §§ 90, 91 ist unabhängig von der Richtigstellung des Grundbuchs (§ 130).

## Eigenthumserwerb.

§ 90. Durch den Zuschlag[1] wird der Ersteher Eigenthümer des Grundstücks, sofern nicht im Beschwerdewege der Beschluß rechtskräftig aufgehoben wird.[2]

Mit dem Grundstück erwirbt er zugleich die Gegenstände, auf welche sich die Versteigerung erstreckt hat.

I 138; M. 258—261; II. 90 D. 56. — Pr. § 97. — B. I art. 55 Nr. 2.

1. Der Zuschlag begründet Eigenthum, auch wenn der Schuldner nicht Eigenthümer des Grundstücks und der mithaftenden Gegenstände war (§ 37 Nr. 5).

2. Die Anfechtbarkeit des Beschlusses wirkt für den Eigenthumserwerb wie eine auflösende Bedingung (§ 158 2 BGB.). Bis zur Erlangung der Rechtskraft, durch Ablauf der Nothfrist (§ 540 CPO. — §§ 96, 98) oder rechtskräftige Zurückweisung der Beschwerde (§§ 96 ff., 101) ist die Berichtigung des Grundbuchs durch Eintragung des Erstehers, sowie die Eintragung von diesem bewilligten Rechten ausgeschlossen (§ 130). — Vgl. auch §§ 94, 108 2.

## Erlöschen der Rechte.

§ 91. Durch den Zuschlag[1] erlöschen[2] unter der im § 90 Abs. 1 bestimmten Voraussetzung[3] die Rechte, welche nicht nach den Versteigerungsbedingungen[4] bestehen bleiben sollen.

Ein Recht an dem Grundstücke bleibt jedoch[5] bestehen, wenn dies zwischen dem Berechtigten und dem Ersteher vereinbart ist und die Erklärungen entweder im Vertheilungstermin abgegeben oder, bevor das Grundbuchamt um Berichtigung des Grundbuchs ersucht ist, durch eine öffentlich beglaubigte Urkunde[6] nachgewiesen werden.

Im Falle des Abs. 2 vermindert sich der durch Zahlung zu berichtigende Theil des Meistgebots um den Betrag, welcher sonst dem Berechtigten gebühren würde. Im Uebrigen wirkt die Vereinbarung wie die Befriedigung des Berechtigten aus dem Grundstücke.[7]

I 138, 139; M. 260, 263; II. 91 D. 57. — Pr. §§ 22 2, 57 3, 115, 116. — B. I art. 55 Nr. 1. — S. § 170.

1. Der Zuschlag wirkt aufhebend und verwirklicht die gesetzliche Versteigerungsbedingung des § 52 1 Satz 2.

2. gleichgültig, ob sie aus dem Versteigerungserlöse (§ 44 A. 2) zur Hebung gelangen (§ 109 2) oder nicht, und ob die Befriedigung durch Baarzahlung (§ 117) oder durch Uebertragung der Forderung an den Ersteher (§ 118) erfolgt.

3. Vgl. zu § 90 A. 2.

4. den gesetzlichen (§ 52) wie den vereinbarten (§ 59).

5. Aufhebung der nach Abs. 1 begründeten Wirkung durch Vereinbarung mit dem Ersteher. — Vgl. §§ 112, 113.

6. § 129 BGB., § 29 GBO.

7. hinsichtlich der Gesammthypotheken § 1181 2 BGB. — Der persönliche Schuldner wird befreit, wie wenn Baarzahlung erfolgt wäre. — § 53 findet keine Anwendung.

### Wertherſatz für nicht auf Zahlung von Kapital gerichtete Rechte.

§ 92. Erliſcht durch den Zuſchlag ein Recht, das nicht auf Zahlung eines Kapitals gerichtet iſt, ſo tritt an die Stelle des Rechtes der Anſpruch auf Erſatz des Werthes[1] aus dem Verſteigerungserlöſe.

Der Erſatz für einen Nießbrauch, für eine beſchränkte perſönliche Dienſtbarkeit ſowie für eine Reallaſt von unbeſtimmter Dauer iſt durch Zahlung einer Geldrente zu leiſten, die dem Jahreswerthe des Rechtes gleichkommt.[2] Der Betrag iſt für drei Monate vorauszuzahlen. Der Anſpruch auf eine fällig gewordene Zahlung verbleibt dem Berechtigten auch dann, wenn das Recht auf die Rente vor dem Ablaufe der drei Monate erliſcht.

Bei ablösbaren Rechten beſtimmt ſich der Betrag der Erſatzleiſtung durch die Ablöſungsſumme.

I 140; M. 264—266; II. 92 D. 57. — Pr. §§ 32, 109, 119. — B. I art. 115.

1. bis zu einem etwa im Grundbuche eingetragenen Höchſtbetrage (§ 882 BGB.)
2. Vgl. § 121.

### Zwangsvollſtreckung auf Räumung und Herausgabe.

§ 93. Aus dem Beſchluſſe, durch welchen der Zuſchlag ertheilt wird, findet gegen den Beſitzer[2] des Grundſtücks oder einer mitverſteigerten Sache die Zwangsvollſtreckung[2] auf Räumung und Heraus=

gabe statt. Die Zwangsvollstreckung soll nicht erfolgen, wenn der Besitzer auf Grund eines Rechtes besitzt, das durch den Zuschlag nicht erloschen ist.[3] Erfolgt gleichwohl die Zwangsvollstreckung, so kann der Besitzer nach Maßgabe des § 690 der Civilprozeßordnung Widerspruch erheben.

Zum Ersatze von Verwendungen, die vor dem Zuschlage gemacht sind, ist der Ersteher nicht verpflichtet.

I 143; M. 269—271; II. 93 D. 57. — Pr. § 98. — B. I art. 78 Nr. 8, art. 79. — S. § 176 1.

1. auch einen Dritten. s. jedoch § 57.

2. auf Grund der vollstreckbaren Ausfertigung des Zuschlagsbeschlusses (§ 88) — §§ 662 ff. CPO. — nach Maßgabe der §§ 769, 771, 772 CPO. — und ohne daß es der Berichtigung des Versteigerungserlöses bedarf.

3. insbesondere also auf Grund eines dem Anspruche des Gläubigers vorgehenden Rechtes (§§ 44, 52). — Siehe auch § 9 EG.

### Verwaltung des Grundstücks für Rechnung des Erstehers.

§ 94. Auf Antrag eines Betheiligten, der Befriedigung aus dem Baargebote zu erwarten hat, ist das Grundstück für Rechnung des Erstehers in gerichtliche Verwaltung zu nehmen, so lange nicht die Zahlung oder Hinterlegung[1] erfolgt ist. Der Antrag kann schon im Versteigerungstermine gestellt werden.

Auf die Bestellung des Verwalters sowie auf dessen Rechte und Pflichten finden die Vorschriften über die Zwangsverwaltung[2] entsprechende Anwendung.

I 144; M. 271; II. 94 D. 57. — Pr. § 98. — S. § 176 2.

1. nach §§ 372 ff. BGB. — Vgl. auch §§ 112 ff. der preuß. Hinterlegungsordnung.

2. §§ 150, 152 ff.

### VII. Beschwerde.

#### 1. Gegen andere Entscheidungen als die über den Zuschlag.

§ 95. Gegen eine Entscheidung, die vor der Beschlußfassung über den Zuschlag erfolgt, kann die Beschwerde[1] nur[2] eingelegt werden, soweit die Entscheidung die Anordnung,[3] Aufhebung,[4] einstweilige Einstellung[5] oder Fortsetzung[6] des Verfahrens betrifft.

I 120 2; M. 235; II. 95 D. 57. — § 9 pr. G. v. 4. März 1879. — Wegen B. und S. s. zu § 79.

1. d. h. die sofortige Beschwerde ganz nach der CPO. gemäß § 701 CPO.

2. Gegen alle übrigen vor der Entscheidung über den Zuschlag erfolgenden Entscheidungen ist die Beschwerde also ausgeschlossen. Sie können nur den Grund zu einer Beschwerde gegen die Entscheidung über den Zuschlag abgeben. Außerdem sind Einwendungen und Erinnerungen gemäß § 685 CPO. zulässig. Gegen die Entscheidung

darüber ist aber ebenfalls durch § 95 die Beschwerde ausgeschlossen.

3. § 15 ff. 4. §§ 28, 29, 31, 32.

5. §§ 28, 30, 31, 32, 43. 6. §§ 31, 43.

## 2. Gegen die Entscheidung über den Zuschlag.

§ 96. Auf die Beschwerde gegen die Entscheidung über den Zuschlag[1] finden die Vorschriften der Civilprozeßordnung über die sofortige Beschwerde[2] nur insoweit Anwendung, als nicht in den §§ 97 bis 104 ein Anderes vorgeschrieben ist.

I 127; M. 247; II. 96 D. 18. — Pr. § 86.

1. §§ 79 ff.

2. §§ 530 ff., insbesondere § 540 CPO. Dieselben werden an und für sich gemäß § 701 CPO. Anwendung zu finden haben. Die Einwendungen aus §§ 685 ff. CPO. sind damit ausgeschlossen.

### a. Berechtigte.

§ 97. Die Beschwerde steht im Falle der Ertheilung des Zuschlags jedem Betheiligten[1] sowie dem Ersteher[2] und dem für zahlungspflichtig erklärten Dritten,[3] im Falle der Versagung dem Gläubiger[4] zu, in beiden Fällen auch dem Bieter, dessen Gebot nicht erloschen ist,[5] sowie demjenigen, welcher nach § 81 an die Stelle des Bieters treten soll.[6]

Im Falle des § 9 Nr. 2 genügt es, wenn die Anmeldung und Glaubhaftmachung des Rechtes bei dem Beschwerdegericht[7] erfolgt.

I 128 1, 2, 3 Satz 2; M. 247; II. 97 D. 58. — Pr. §§ 87, 88. — B. I art. 82. — S. §§ 129 2, 148 2.

1. § 9. Für den Fall der Nr. 2 vgl. Abs. 2.

2. § 82. 3. §§ 61, 82.

4. zu § 9 A. 1. 5. § 72.

6. Vgl. ferner § 107. - Andere Betheiligte, insbesondere der Schuldner, haben also gegen die Versagung des Zuschlags keine Beschwerde.

7. §§ 531, 533 CPO.

### b. Frist.

§ 98. Die Frist für die Beschwerde[1] gegen einen Beschluß des Vollstreckungsgerichts, durch welchen der Zuschlag versagt wird, beginnt mit der Verkündung des Beschlusses.[2] Das Gleiche gilt im Falle der Ertheilung des Zuschlags für die Betheiligten, welche im Versteigerungstermin oder im Verkündungstermin erschienen waren.[3]

I 136 1; M. 257; II. 98 D. 58. — Pr. § 90. — B. I art 82. — S. §§ 129, 146 2.

1. Für die Einlegung ist § 532 CPO. maßgebend. — Die Beschwerde ist, da § 534 Halbsatz 1 durch § 540 3 CPO. ausgeschlossen ist, in jedem Falle vor Ablauf einer Woche dem Beschwerdegericht vorzulegen. Aufschiebende Wirkung hat sie nicht § 535 1 CPO., vgl. auch §§ 102, 105, 117 und zu § 101 A. 1.

2. auch für die nicht erschienenen Beschwerdeberechtigten (A. 4—6 zu § 97).

3. Abweichung von § 540 2 CPO. Für die Nichterschienenen ist die Zustellung (§ 88) maßgebend.

### c. Gegenerklärung. Beschwerdenverbindung.

§ 99. Erachtet das Beschwerdegericht eine Gegenerklärung für erforderlich,[1] so hat es zu bestimmen, wer als Gegner des Beschwerdeführers zuzuziehen ist.

Mehrere Beschwerden sind mit einander zu verbinden.

I 129; M. 249; II. 91 D. 58. — Pr. § 91. — S. § 152.

1. Es hängt das gemäß § 536 CPO. von dem gerichtlichen Ermessen ab.

### d. Begründung.

§ 100. Die Beschwerde kann nur[1] darauf gestützt werden, daß eine der Vorschriften der §§ 81, 83 bis 85 verletzt oder daß der Zuschlag unter anderen als den der Versteigerung zu Grunde gelegten Bedingungen ertheilt ist.

Auf einen Grund, der nur das Recht eines Anderen betrifft,[2] kann weder die Beschwerde noch ein Antrag auf deren Zurückweisung gestützt werden.

Die im § 83 Nr. 6, 7 bezeichneten Versagungsgründe hat das Beschwerdegericht von Amtswegen zu berücksichtigen.[3]

I 130 2; M. 250; II. 100 D. 58. — Pr. §§ 88, 89. — B. I art. 82 3. — S. § 148 3.

1. Jeder andere Beschwerdegrund ist ausgeschlossen.
2. Vgl. § 84.
3. Nach § 533 CPO. kann aber die Beschwerde auf neue Behauptungen und Beweismittel gestützt werden.

e. Entscheidung.

§ 101. Wird die Beschwerde[1] für begründet erachtet, so hat das Beschwerdegericht unter Aufhebung des angefochtenen Beschlusses in der Sache selbst zu entscheiden.[2]

Wird ein Beschluß, durch welchen der Zuschlag ertheilt ist, aufgehoben, auf weitere Beschwerde[3] aber für begründet erachtet, so ist unter Aufhebung des Beschlusses des Beschwerdegerichts die gegen die Ertheilung des Zuschlags erhobene Beschwerde zurückzuweisen.[4]

I 132; M. 252; II. 101 D. 50. — Pr. §§ 93, 94. — S. §§ 129 3, 4, 153.

1. bezüglich deren zunächst Statthaftigkeit, Frist und Form zu prüfen ist. § 537 CPO. Ueber einstweilige Anordnungen s. § 535 2, 3 CPO.

2. § 538 CPO. erscheint damit unanwendbar. Die Sachlage ergiebt sich im Wesentlichen aus dem Terminsprotokoll und anderem urkundlichen Material (§§ 78, 80, 81, 97 2).

3. für welche gemäß § 531 2 CPO. ein neuer selbstständiger Beschwerdegrund (d. h. Beschwerdepunkt) erforderlich ist. Zuständig ist das Oberlandesgericht und für Beschwerden gegen dieses das Reichsgericht.

4. Der Zeitpunkt des Eigenthumsübergangs (§ 90) bleibt also unverändert (s. zu § 90 A. 2).

f. Berechtigte bei der weiteren Beschwerde.

§ 102. Hat das Beschwerdegericht den Beschluß, durch welchen der Zuschlag ertheilt war, nach der Vertheilung des Versteigerungserlöses aufgehoben, so steht die weitere Beschwerde[1] auch[2] denjenigen zu, welchen der Erlös zugetheilt ist.[3]

I 134; M. 254; II. 102 D. 58. — Pr. § 87, Satz 1.

1. Vgl. zu § 101 A. 3; §§ 105, 117.
2. neben den nach § 97 Berechtigten. 3. §§ 117 ff.

**g. Zustellung.**

§ 103. Der Beschluß des Beschwerdegerichts ist, wenn der angefochtene Beschluß aufgehoben oder[1] abgeändert wird, allen Betheiligten[2] und demjenigen Bieter, welchem der Zuschlag verweigert oder ertheilt wird, sowie im Falle des § 61 dem für zahlungspflichtig erklärten Dritten und in den Fällen des § 81 Abs. 2, 3 dem Meistbietenden zuzustellen.[3] Wird die Beschwerde zurückgewiesen, so erfolgt die Zustellung des Beschlusses nur an den Beschwerdeführer und den zugezogenen Gegner.

I 135 1; M. 255; II. 103 D. 59. — Pr. § 95. — S. § 155.

1. in irgend einer Weise. 2. § 9.
3. auch wenn der Beschluß auf mündliche Verhandlung erfolgt und verkündet ist; also abweichend von § 294 CPO.

**h. Wirksamkeit.**

§ 104. Der Beschluß, durch welchen das Beschwerdegericht den Zuschlag ertheilt, wird[1] erst mit der Zustellung[2] an den Ersteher wirksam.

I 142 1; M. 268; II. 104 D. 59.

1. abweichend von § 89. 2. § 103.

## VIII. Vertheilung des Erlöses.

### Vertheilungstermin.

§ 105. Nach der Ertheilung des Zuschlags[1] hat das Gericht einen Termin zur Vertheilung des Versteigerungserlöses zu bestimmen.[2]

Die Terminsbestimmung ist den Betheiligten[3] und dem Ersteher sowie im Falle des § 61 dem für zahlungspflichtig erklärten Dritten und in den Fällen des § 81 Abs. 2, 3 dem Meistbietenden zuzustellen. Als Betheiligte gelten auch diejenigen, welche das angemeldete Recht noch glaubhaft zu machen haben.

Die Terminsbestimmung soll an die Gerichtstafel angeheftet werden.

Ist die Terminsbestimmung dem Ersteher und im Falle des § 61 auch dem für zahlungspflichtig erklärten Dritten sowie in den Fällen des § 81 Abs. 2, 3 auch dem Meistbietenden nicht zwei Wochen vor dem Termine zugestellt, so ist der Termin aufzuheben und von neuem zu bestimmen, sofern nicht das Verfahren genehmigt wird.[4]

I 147; M. 274 ff.; II. 105 D. 59. – Pr. § 101. — B. I **art.** 95, 96. B. II **art.** 32.

1. §§ 89, 104 — ohne Abwartung der Rechtskraft (§ 535 CPO.).

2. Obwohl die Beschwerde aufschiebende Wirkung nicht hat, kann die Aufhebung des Vertheilungstermins nach § 535 2 CPO. erfolgen.

3. §§ 9, 26; s. auch den Schlußsatz dieses Absatzes, welcher auch für die Zwangsverwaltung entsprechende Anwendung findet. (§ 156 2 Schlußsatz.)

4. Vgl. § 43 2.

## Vorbereitung des Vertheilungsverfahrens.

§ 106. Zur Vorbereitung des Vertheilungsverfahrens kann das Gericht in der Terminsbestimmung die Betheiligten auffordern, binnen zwei Wochen eine Berechnung ihrer Ansprüche einzureichen.[1] In diesem Falle hat das Gericht nach dem Ablaufe der Frist den Theilungsplan[2] anzufertigen und ihn spätestens drei Tage vor dem Termin auf der Gerichtsschreiberei zur Einsicht der Betheiligten niederzulegen.

II. 106 D. 59.

1. Vgl. § 62. 2. §§ 113 ff.

## Feststellung der Theilungsmasse. — Zahlung und Hinterlegung des Erlöses.

§ 107. In dem Vertheilungstermin ist festzustellen, wieviel die zu vertheilende Masse beträgt. Zu der Masse gehört auch der Erlös aus denjenigen Gegenständen, welche im Falle des § 65 besonders versteigert oder anderweit verwerthet sind.[1]

Die von dem Ersteher im Termine zu leistende Zahlung erfolgt an das Gericht.

Ein Geldbetrag, der zur Sicherheit für das Gebot des Erstehers[2] hinterlegt ist,[3] gilt als gezahlt.

I 148, 188; M. 278; II. 107 D. 59. — Pr. § 102. — B. I art. 117.

1. s. unten § 125. 2. §§ 67 ff.
3. nach §§ 372 ff. BGB. — Vgl. auch §§ 12 ff. der preuß. Hinterlegungsordnung.

### Verwerthung der zur Sicherheit für das Gebot hinterlegten Papiere.

§ 108. Soweit das Baargebot nicht berichtigt wird, hat das Gericht, wenn Werthpapiere zur Sicherheit für das Gebot des Erstehers hinterlegt sind,[1] die Veräußerung der Papiere nach Maßgabe der Vorschriften über die Zwangsvollstreckung[2] anzuordnen. Der Erlös ist nach Anordnung des Gerichts auszuzahlen oder zu hinterlegen.

Ist der Beschluß, durch welchen der Zuschlag ertheilt wird, noch nicht rechtskräftig,[3] so soll auf Antrag desjenigen, welcher die Sicherheit geleistet hat, die Veräußerung bis zur Rechtskraft[3] ausgesetzt werden.

I 149; M. 279; II. 108. — Pr. § 103.

1. §§ 69 ff.
2. durch den Gerichtsvollzieher (§ 722 CPO.).
3. Vgl. auch zu § 90 A. 2.

### Entnahme der Kosten des Verfahrens aus dem Erlöse — Vertheilung des Ueberschusses.

§ 109. Aus dem Versteigerungserlöse sind die Kosten des Verfahrens vorweg zu entnehmen, mit

Ausnahme der durch die Anordnung des Verfahrens oder den Beitritt des Gläubigers,[1] durch den Zuschlag[2] oder durch nachträgliche Vertheilungsverhandlungen entstehenden Kosten.

Der Ueberschuß wird auf die Rechte, welche durch Zahlung zu decken sind,[3] vertheilt.

I § 151; M. 282; II. 109. — Pr. § 84 2. — B. I art. 107. — S. § 178.

1. welche der Gläubiger vorzuschießen hat (§ 35 GKG.) und wegen deren er nach §§ 10 2, 12 aus dem Erlöse befriedigt wird.

2. die dem Ersteher zur Last fallen (§ 58).

3. § 49. — Vgl. zu § 44 A. 2, zu § 91 A. 2.

### Behandlung nicht angemeldeter Rechte.

§ 110. Rechte, die ungeachtet der im § 37 Nr. 4 bestimmten Aufforderung nicht rechtzeitig angemeldet oder glaubhaft gemacht worden sind, stehen bei der Vertheilung den übrigen Rechten[1] nach.

I 152; M. 283; II. 110. — Pr. § 108. — B. II art. 33. — S. § 101 4.

1. auch dem Anspruch des Gläubigers (§ 37 Nr. 4; §§ 10—12).

### Behandlung betagter Ansprüche.

§ 111. Ein betagter Anspruch gilt als fällig. Ist der Anspruch unverzinslich, so gebührt dem Berechtigten nur die Summe, welche mit Hinzurechnung der gesetzlichen Zinsen für die Zeit von der Zahlung bis zur Fälligkeit dem Betrage des Anspruchs gleichkommt;[1] solange die Zeit der Fälligkeit ungewiß ist, gilt der Anspruch als aufschiebend bedingt.

I 154; M. 285; II. 111. — Pr. § 31. — B. I art. 113. — S. § 14.

1. Vgl. § 58 KO. — Hoffmann'sche Methode.

### Vertheilung des Gesammterlöses auf mehrere Grundstücke.

§ 112. Ist bei der Versteigerung mehrerer Grundstücke der Zuschlag auf Grund eines Gesammtausgebots ertheilt und wird eine Vertheilung des Erlöses auf die einzelnen Grundstücke nothwendig,[1] so wird aus dem Erlöse zunächst der Betrag entnommen, welcher zur Deckung der Kosten sowie zur Befriedigung derjenigen bei der Feststellung des geringsten Gebots berücksichtigten und durch Zahlung zu deckenden Rechte erforderlich ist, für welche die Grundstücke ungetheilt haften.[2]

Der Ueberschuß wird auf die einzelnen Grundstücke nach dem Verhältnisse des Werthes der Grundstücke vertheilt.[3] Dem Ueberschusse[4] wird der Betrag der Rechte, welche nach § 91 nicht erlöschen,[5] hinzugerechnet.[6] Auf den einem Grundstücke zufallenden Antheil am Erlöse wird der Betrag der Rechte, welche an diesem Grundstücke bestehen bleiben, angerechnet. Besteht ein solches Recht an mehreren der versteigerten Grundstücke, so ist bei jedem von ihnen nur ein dem Verhältnisse des Werthes der Grundstücke entsprechender Theilbetrag in Anrechnung zu bringen.

Reicht der nach Abs. 2 auf das einzelne Grundstück entfallende Antheil am Erlöse nicht zur Befriedigung derjenigen Ansprüche aus, welche nach Maßgabe des geringsten Gebots durch Zahlung zu berichtigen sind oder welche durch das bei dem Einzelausgebote für das Grundstück erzielte Meistgebot gedeckt werden, so erhöht sich der Antheil um den Fehlbetrag.[7]

I § 150; M. 280, 281; II. 112 D. 61 — Pr. § 38 2, 112. — B. I art. 105; B. II art. 45 Nr. 10. — S. § 36.

1. nach Lage des Falles.

2. im Entw. II lautete der Relativsatz: „welcher zur Befriedigung der bei der Feststellung des geringsten Gebotes berücksichtigten, durch Zahlung zu deckenden Rechte erforderlich ist" — also ohne Unterschied ob für diese Rechte die einzelnen Grundstücke ungetheilt haften. — Die Reichstagskommission erblickte darin eine unbillige Benachtheiligung des nicht mit demselben Rechte belasteten anderen Grundstücks (KB. S. 33).

3. Dieser Satz enthält nur den Grundsatz. Die Ausführung erfolgt nach den folgenden Sätzen. — Bez. des Werthes der Grundstücke s. § 42 2 und § 11 EG.

4. nach Abs. 1.

5. d. h. der kraft Gesetzes nach § 52, sowie der nach den Versteigerungsbedingungen in Abweichung vom § 52 bestehen bleibenden Rechte (§§ 59, 91) und der kraft der Vereinbarung zwischen dem Berechtigten und dem Ersteher bestehen bleibenden Rechte (§ 91 2, 3). S. auch zu § 113 1.

6. Die Summe giebt den nach Satz 1 zu vertheilenden Gesammtbetrag. Satz 3 und 4 bestimmen über die Anrechnung der auf den einzelnen Grundstücken haftenden Rechte; bei Gesammthypotheken findet eine Vertheilung statt, wie im Falle des § 64 1. — Im Berichte der Reichstagskommission wird diese Anrechnung als „Vorempfang aus dem Erlöse" bezeichnet und auf die Vorschrift über die Erbauseinandersetzung (§§ 2055, 2056 BGB.) hingewiesen.

7. Es dürfen weder die Betheiligten, die nach § 49 ein Anspruch auf Berücksichtigung beim geringsten Gebot haben, benachtheiligt werden, noch diejenigen, welche, wenn der Zuschlag für das Meistgebot des Einzelgrundstücks erfolgt wäre, zur Hebung gelangt sein würden. — Der Fehlbetrag kann nur aus dem Erlösantheile der anderen Grundstücke (nach Verhältniß des Werthes) erhöht werden.

### Theilungsplan.

§ 113. In dem Vertheilungstermine wird nach Anhörung der anwesenden Betheiligten von dem Gerichte, nöthigenfalls mit Hülfe eines Rechnungsverständigen, der Theilungsplan aufgestellt.[1]

In dem Plane sind auch die nach § 91 nicht erlöschenden Rechte anzugeben.[2]

I 155; M. 286; II. 113 D. 59. — Pr. §§ 104, 105. — B. I art. 97, 99, 104, 120, B. II art. 35, 45 Nr. 9. — S. § 139.

1. S. unten § 156 2 Schlußsatz.

2. Vgl. zu § 112 A. 5. — Eine Vertheilung dieser Rechte oder eine Erklärung des Gerichts, daß diese Forderungen vom Ersteher zu übernehmen sind, findet nicht statt; sie stehen außerhalb des Vertheilungsver-

fahrens (§ 44 A. 2). — Die Wirkung des Stehenbleibens ist für die nach § 52 und den Versteigerungsbedingungen (§ 59) nicht erlöschenden Rechte (§ 91 1) eine andere als für die auf Grund der Vereinbarung mit dem Ersteher bestehen bleibenden (§ 91 2, 3). Es wird deshalb anzugeben sein, ob es sich um nach § 91 oder nach § 91 2, 3 stehen bleibende Rechte handelt. — (Vgl. auch zu § 50 A. 2, 5).

§ 114. In den Theilungsplan sind Ansprüche, soweit ihr Betrag oder ihr Höchstbetrag zur Zeit der Eintragung des Versteigerungsvermerkes aus dem Grundbuch ersichtlich war, nach dem Inhalte des Buches, im Uebrigen nur dann aufzunehmen, wenn sie spätestens in dem Termin angemeldet sind.[1] Die Ansprüche des Gläubigers gelten als angemeldet, soweit sie sich aus dem Versteigerungsantrag[2] ergeben.

Laufende Beträge wiederkehrender Leistungen,[3] die nach dem Inhalte des Grundbuchs zu entrichten sind, brauchen nicht angemeldet zu werden.[4]

I 156; M. 287; II. 114. — Pr. §§ 104, 106. — B. I art. 97, 98. — S. § 102.

1. §§ 19, 37 Nr. 4. 2. § 16.
3. §§ 13, 45 2. 4. Vgl. auch § 156 2 Schlußsatz.

## Verhandlung über den Theilungsplan. — Erledigung von Widersprüchen.

§ 115. Ueber den Theilungsplan wird sofort verhandelt. Auf die Verhandlung sowie auf die Erledigung erhobener Widersprüche und die Ausführung des Planes finden die §§ 762 bis 768 der Civilprozeßordnung entsprechende Anwendung.[1]

Ist ein vor dem Termin angemeldeter Anspruch nicht nach dem Antrag in den Plan aufgenommen, so gilt die Anmeldung als Widerspruch gegen den Plan.

Der Widerspruch des Schuldners gegen einen vollstreckbaren Anspruch wird nach den §§ 686, 688, 689 der Civilprozeßordnung erledigt.[2]

Soweit der Schuldner durch Sicherheitsleistung oder Hinterlegung die Befriedigung eines solchen solchen Anspruchs abwenden darf,[3] unterbleibt die Ausführung des Planes, wenn die Sicherheit geleistet oder die Hinterlegung erfolgt ist.[4]

I § 157; M. 288; II. 115. — Pr. §§ 113, 114. — B. I 117. — Vgl. auch § 89, §§ 138—144, 146 ff.

1. Satz 2 entspricht dem Schlußsatz in § 757$_3$ CPO. — Vgl. auch R. 26, 422 und über die Vertheilung und Bedeutung der Parteirollen R. 15, 221.

2. Der Widerspruch des Schuldners gegen einen nicht vollstreckbaren Anspruch (z. B. § 10 Nr. 1—3) ist nach Abs. 1 zu behandeln.

3. §§ 647, 652, 657, 688, 691 Nr. 3 CPO.

4. Vgl. unten § 156.

### Ausführung des Theilungsplans.

§ 116. Die Ausführung des Theilungsplans soll bis zur Rechtskraft des Zuschlags[1] ausgesetzt werden, wenn der Ersteher oder im Falle des § 61 der für zahlungspflichtig erklärte Dritte sowie in den Fällen des § 81 Abs. 2, 3 der Meistbietende die Aussetzung beantragt.

I 147₅; M. 277; II. 116. — Pr. § 123. — B. I art. 95, 97.

1. also bis zum Ablauf der Nothfrist (§ 540 2 CPO.) bezw. bis zur rechtskräftigen Zurückweisung der Beschwerde (§§ 96 ff., 101).

**Zahlung, Hinterlegung.**

§ 117. Soweit der Versteigerungserlös in Geld vorhanden ist,[1] wird der Theilungsplan durch Zahlung an die Berechtigten ausgeführt.

Die Auszahlung an einen im Termine nicht erschienenen Berechtigten ist von Amtswegen anzuordnen. Die Art der Auszahlung bestimmt sich nach den Landesgesetzen.[2] Kann die Auszahlung nicht erfolgen, so ist der Betrag für den Berechtigten zu hinterlegen.

Im Falle der Hinterlegung des Erlöses[2] kann statt der Zahlung eine Anweisung auf den hinterlegten Betrag ertheilt werden.[3]

I 158; M. 290; II. 117. — Pr. §§ 117, 121. — B. I art. 121.

1. §§ 107, 108. 2. nach § 49 3 und nach Abs. 2. 3. Vgl. auch § 158 3.

**Uebertragung der Forderung gegen den Ersteher aus dem Meistgebot.**

§ 118. Soweit das Baargebot nicht berichtigt wird, ist der Theilungsplan dadurch auszuführen, daß die Forderung gegen den Ersteher auf die Berechtigten übertragen wird; die Uebertragung erfolgt durch Anordnung des Gerichts.[1] Das Gleiche gilt, soweit Zahlungsfristen festgesetzt worden sind.[2]

Die Uebertragung wirkt wie die Befriedigung aus dem Grundstücke.[3] Diese Wirkung tritt[4] jedoch im Falle des Abs. 1 Satz 1 nicht ein,[5] wenn vor dem Ablaufe von drei Monaten[6] der Berechtigte dem Gerichte gegenüber den Verzicht auf die Rechte aus der Uebertragung erklärt oder die Zwangsversteigerung[7] beantragt. Wird der Antrag auf Zwangsversteigerung zurückgenommen oder das Verfahren nach § 31 Abs. 2 aufgehoben, so gilt er als nicht gestellt. Im Falle des Verzichts soll das Gericht die Erklärung dem Ersteher sowie demjenigen mittheilen, auf welchen die Forderung in Folge des Verzichts übergeht.

I 159; M. 291; II. 118 D. 60, 61. — Pr. 117. — B. I art. 121. — S. § 175.

1. Die Uebertragung erfolgt kraft Gesetzes (§ 412 BGB.). Der Versteigerungserlös tritt an die Stelle des Grundstücks. Die Anordnung des Gerichts bildet die Ausführungsmaßregel.

Die Anordnung ist kein Ueberweisungsbeschluß im Sinne der §§ 736, 737 CPO. und der §§ 408, 1155 BGB.

2. §§ 60, 61. 3. § 91 A. 2 u. 7.

4. im Falle des Abs. 1 Satz 2 stets und unbedingt.

5. Im Falle des Abs. 1 Satz 1 steht die Wirkung unter einer auflösenden Bedingung.

6. von der Verkündung der Anordnung im Vertheilungstermin, bezw. von ihrer Zustellung an (§ 294 CPO.).

7. §§ 132, 133.

**Behandlung bedingter Ansprüche.**

§ 119. Wird auf einen bedingten Anspruch ein Betrag zugetheilt,[1] so ist durch den Theilungsplan festzustellen, wie der Betrag anderweit vertheilt werden soll, wenn der Anspruch wegfällt.[2]

I 160; M. 294; II. 119. — Pr. §§ 110, 111.

1. nach § 117 oder § 118. — Vgl. auch § 14.

2. bei auflösend bedingten Ansprüchen durch Eintritt der Bedingung; bei aufschiebend bedingten Ansprüchen durch Ausfall der Bedingung.

§ 120. Ist der Anspruch aufschiebend bedingt, so ist der Betrag für die Berechtigten zu hinterlegen. Soweit der Betrag nicht gezahlt ist, wird die Forderung gegen den Ersteher auf die Berechtigten übertragen. Die Hinterlegung sowie die Uebertragung erfolgt für jeden unter der entsprechenden Bedingung.

Während der Schwebezeit gelten für die Anlegung des hinterlegten Geldes, für die Kündigung und Einziehung der übertragenen Forderung sowie für die Anlegung des eingezogenen Geldes die Vorschriften der §§ 1077 bis 1079 des Bürgerlichen Gesetzbuchs;[1] die Art der Anlegung bestimmt derjenige, welchem der Betrag gebührt, wenn die Bedingung ausfällt.[2]

I 161 1, 2; M. 295; II. 120. — Pr. § 119. — B. I art. 111 3.

1. d. h. die beim Nießbrauch eines Kapitals für Nießbraucher und Gläubiger in diesen Beziehungen geltenden Vorschriften.

2. Ueber die Behandlung eines Anspruchs unter auflösender Bedingung bei Ausführung des Theilungsplans enthält das Gesetz keine besondere Bestimmung. Er ist wie ein unbedingter zu behandeln. Doch muß auch in diesem Falle für den Eintritt der Bedingung eine weitere Vertheilung vorgesehen werden. Bei Baarzahlung (§ 117) sind diejenigen Berechtigten zu bezeichnen, denen der Anspruch auf Herausgabe des Empfangenen zusteht; im Falle des § 118 ist die Anordnung entsprechend zu fassen, und demgemäß die Eintragung der Sicherungshypothek zu bewirken (§ 130). — Im ersten Falle ist es Sache der Berechtigten, nach §§ 796, 797 CPO. für Sicherung ihres Anspruches zu sorgen. (Vgl. Entw. I BGB. § 133 — I 162. — Pr. §§ 110, 119.)

**Behandlung nicht auf Zahlung von Kapital gerichteter Rechte.**

§ 121. In den Fällen des § 92 Abs. 2 ist für den Ersatzanspruch in den Theilungsplan ein Betrag aufzunehmen, welcher der Summe aller künftigen Leistungen gleichkommt, den fünfundzwanzigfachen Betrag einer Jahresleistung jedoch nicht übersteigt; zugleich ist zu bestimmen, daß aus den Zinsen und dem Betrage selbst die einzelnen Leistungen zur Zeit der Fälligkeit zu entnehmen sind.

Die Vorschriften der §§ 119, 120[1] finden entsprechende Anwendung; die Art der Anlegung des Geldes bestimmt der zunächst Berechtigte.

I 163; M. 296; II. 121. — Pr. §§ 32, 109, 119.

1. hinsichtlich der Feststellung des beim Wegfall des Anspruchs Berechtigten und der Anlegung u. s. w. des Geldes.

**Behandlung von Gesammtbelastungen.**

§ 122. Sind mehrere für den Anspruch eines Betheiligten[1] haftende Grundstücke in demselben Verfahren versteigert worden,[2] so ist, unbeschadet der Vorschrift des § 1132 Abs. 1 Satz 2 des Bürgerlichen Gesetzbuchs,[3] bei jedem einzelnen Grundstücke nur ein nach dem Verhältnisse der Erlöse[4] zu bestimmender Betrag[5] in den Theilungsplan aufzunehmen. Der Erlös wird unter Abzug des Betrags der Ansprüche berechnet, welche dem Anspruche des Betheiligten vorgehen.

Unterbleibt die Zahlung eines auf den Anspruch des Betheiligten zugetheilten Betrags,[6] so ist der Anspruch bei jedem[7] Grundstück in Höhe dieses Betrags[6] in den Plan aufzunehmen.[8]

I 164; M. 297—300; II. 122. — Pr. § 204 (pr. KO. v. 8. Juni 1855, § 56 — Ges. v. 12. März 1869 art. 1). B. I **art.** 106 1—3. — S. §§ 36 ff.

1. § 9. nicht bloß des oder der betreibenden Gläubiger.
2. §§ 18, 63, 64.
3. d. h. des Rechtes des Gläubigers, die Befriedigung nach seinem Belieben aus jedem der Grundstücke ganz oder zum Theile zu suchen.
4. welche bei dem regelmäßig stattfindenden Einzelausgebot (§ 63) bez. beim Zuschlag zu einem Gesammtgebote sich durch die Vertheilung des Ueberschusses (§ 112)

ergeben haben, und nach Befriedigung der vorgehenden Ansprüche übrig bleiben (Satz 2).

5. der Gesammtbelastung (Hypothek, Grundschuld, Rentenschuld, Reallast).

6. d. h. bei einem Einzelgrundstück.

7. mithaftenden. 8. Vgl. § 123.

§ 123. Soweit auf einen Anspruch, für den auch ein anderes Grundstück haftet, der zugetheilte Betrag nicht gezahlt wird, ist durch den Theilungsplan festzustellen, wie der Betrag anderweit vertheilt werden soll, wenn das Recht auf Befriedigung aus dem zugetheilten Betrage nach Maßgabe der besonderen Vorschriften über die Gesammthypothek erlischt.[1]

Die Zutheilung ist dadurch auszuführen, daß die Forderung gegen den Ersteher unter der entsprechenden Bedingung übertragen wird.[2]

I 165; M. 301; II. 123. — Pr. §§ 59 2, 117.

1. §§ 1173, 1174, 1175, 1181 BGB. — § 123 findet nicht bloß im Falle des § 122, sondern auch dann Anwendung, wenn nur eines der mithaftenden Grundstücke versteigert worden ist.

2. Die Zutheilung an den anderweit Berechtigten geschieht unter der Bedingung, daß der Gläubiger nach §§ 1173, 1174, 1181 BGB. anderweit befriedigt wird, oder auf sein Recht an dem Grundstücke verzichtet oder mit diesem ausgeschlossen wird (§ 1175 BGB. Vgl. auch §§ 50 2 Nr. 2, 118).

### Behandlung von Widersprüchen.

§ 124. Im Falle eines Widerspruchs gegen den Theilungsplan[1] ist durch den Plan festzustellen, wie der streitige Betrag vertheilt werden soll, wenn der Widerspruch für begründet erklärt wird.

Die Vorschriften des § 120 finden entsprechende Anwendung; die Art der Anlegung bestimmt derjenige, welcher den Anspruch geltend macht.

Das Gleiche gilt, soweit nach § 115 Abs. 4 die Ausführung des Planes unterbleibt.[1]

I § 167; M. 302; II. 124. — Pr. § 118.

1. Vgl. § 156.

**Vertheilung eines Betrages außer dem Baargebote.**

§ 125. Hat der Ersteher außer dem durch Zahlung zu berichtigenden Theile des Meistgebots einen weiteren Betrag nach den §§ 50, 51 zu zahlen, so ist durch den Theilungsplan festzustellen, wem dieser Betrag zugetheilt werden soll. Die Zutheilung ist dadurch auszuführen, daß die Forderung gegen den Ersteher übertragen wird.[1]

Ist ungewiß oder streitig, ob der weitere Betrag zu zahlen ist, so erfolgt die Zutheilung und Uebertragung unter der entsprechenden Bedingung. Die §§ 764 bis 768 der Civilprozeßordnung finden keine Anwendung.[2]

Die Uebertragung hat nicht die Wirkung der Befriedigung aus dem Grundstücke.[3]

I 168; M. 302—304; II 125. — Pr. § 115 2.

1. Die §§ 117—124 beziehen sich nur auf Ansprüche, welche nach § 49 bez. den Versteigerungsbedingungen

baar zu zahlen waren. — Hier handelt es sich um Ansprüche, welche als bestehen bleibende Belastung auf den Ersteher übergehen sollten, und für welche in den Fällen der §§ 50, 51 eine Zahlungspflicht des Erstehers (eine Forderung an den Ersteher) begründet ist, für die aber § 49 1, 2 nicht gilt (§ 50, Satz 2). Die Voraussetzung der Anwendung des § 125 ist, daß das Nichtbestehen der in §§ 50, 51 erwähnten Rechte bis zur Aufstellung des Theilungsplanes festgestellt (Abs. 1), oder doch ihr Fortbestehen ungewiß oder streitig geworden ist (Abs. 2). — Im ersteren Falle findet unmittelbar eine Zutheilung und Uebertragung der Forderung gegen den Ersteher an den Nächstberechtigten durch den Theilungsplan statt (wie nach § 118 1); im andern Falle muß die Zutheilung und Uebertragung an den Nächstberechtigten unter der Bedingung geschehen, daß die Belastung als stehen bleibende in Fortfall kommt (also die Zahlungspflicht des Erstehers nach §§ 50, 51 begründet wird).

2. Dem Nächstberechtigten bleibt es überlassen, im Prozeßwege den Fortfall des der Geltendmachung seiner Forderung gegen den Ersteher entgegenstehenden Rechtes, und dadurch die Unbedingtheit seiner Forderung gegen den Ersteher herbeizuführen.

3. § 118 2 findet also keine Anwendung. — Die Uebertragung der Forderung an den Ersteher berührt weder das persönliche Forderungsrecht des Berechtigten gegen seinen Schuldner, noch die Mithaftung anderer Grundstücke. — Seine Forderung an dem versteigerten Grundstücke ist aber nach §§ 52, 91 erloschen. — S. unten § 132, Satz 2.

### Unbekanntschaft des Berechtigten. Nichtvorlegung des Hypothekenbriefes.

§ 126. Ist für einen zugetheilten Betrag die Person des Berechtigten unbekannt, insbesondere bei einer Hypothek, Grundschuld oder Rentenschuld der Brief nicht vorgelegt,[1] so ist durch den Theilungsplan festzustellen, wie der Betrag vertheilt werden soll, wenn der Berechtigte nicht ermittelt wird.

Der Betrag ist für den unbekannten Berechtigten zu hinterlegen. Soweit der Betrag nicht gezahlt wird, ist die Forderung gegen den Ersteher auf den Berechtigten zu übertragen.[2]

I 181; M. 316; II. 126. — Pr. § 120. — B. I art. 121 4.

1. §§ 1116, 1117, 1144, 1154, 1155 BGB; §§ 42—44, 56 ff., 70 GBO.

2. Wegen Ermittelung des unbekannten Berechtigten und weiteren Ausführung des Theilungsplans s. §§ 135 bis 142; wegen Kraftloserklärung des Hypothekenbriefes s. § 136. — Vgl. auch § 156.

**Behandlung vorgelegter Urkunden.**

§ 127. Wird der Brief über eine in Folge der Versteigerung erloschene Hypothek, Grundschuld oder Rentenschuld[1] vorgelegt, so hat das Gericht ihn unbrauchbar zu machen.[2] Ist das Recht nur zum Theil erloschen, so ist dies auf dem Briefe zu vermerken.[3] Wird der Brief nicht vorgelegt, so kann das Gericht ihn von dem Berechtigten einfordern.

Im Falle der Vorlegung eines vollstreckbaren Titels über einen Anspruch, auf welchen ein Betrag zugetheilt wird, hat das Gericht auf dem Titel zu vermerken, in welchem Umfange der Betrag durch

Zahlung, Hinterlegung oder Uebertragung gedeckt worden ist.[4]

Der Wortlaut der Vermerke ist durch das Protokoll festzustellen.[5]

I 169; M. 304; II. 127. — Pr. § 122. — B. I art. 121 5.

1. §§ 52, 91. 2. Vgl. § 69 GBO.
3. Vgl. §§ 1140, 1145 BGB. — § 62 GBO.
4. Vgl. § 677 1 CPO. 5. Vgl. auch § 158 3.

## Sicherungshypothek für die Forderung gegen den Ersteher.

§ 128. Soweit für einen Anspruch die Forderung gegen den Ersteher übertragen wird,[1] ist für die Forderung eine Sicherungshypothek[2] an dem Grundstücke mit dem Range des Anspruchs[3] einzutragen. War das Recht, aus welchem der Anspruch herrührt, nach dem Inhalte des Grundbuchs mit dem Rechte eines Dritten belastet, so wird dieses Recht als Recht an der Forderung miteingetragen.

Soweit die Forderung gegen den Ersteher unvertheilt bleibt, wird eine Sicherungshypothek für denjenigen eingetragen, welcher zur Zeit des Zuschlags Eigenthümer des Grundstücks war.

Mit der Eintragung entsteht die Hypothek.[4] Vereinigt sich die Hypothek[4] mit dem Eigenthum in einer Person,[5] so kann sie nicht zum Nachtheil eines Rechtes, das bestehen geblieben ist, oder einer nach Abs. 1, 2 eingetragenen Sicherungshypothek geltend gemacht werden.[6]

Wird das Grundstück von neuem versteigert, so ist der zur Deckung der Hypothek[4] erforderliche Betrag baar zu berichtigen.[7]

I 170; M. 305—307; II. 128 D. 62. — Pr. § 124. — B. I art. 94, 122. — B. II art. 28.

1. §§ 118 2 (119—124), 125, 126.

2. Vgl. § 132 1, Satz 1 u. — §§ 1184 ff. BGB., sowie §§ 757b, 757c CPO. oben S. 11.

3. § 10; vgl. aber auch Abs. 3 und § 129.

4. Sicherungshypothek.

5. §§ 889, 1143, 1153, 1163, 1168, 1170, 1173, 1175, 1177 BGB.

6. Abs. 3 Satz 2 entspricht dem § 129 mit der durch §§ 1177, 1197 BGB. für den Fall der Vereinigung der Hypothek mit dem Eigenthümer in einer Person gebotenen Modifikation.

7. auch wenn dies sonst nach §§ 44, 49 nicht der Fall sein würde.

§ 129. Die Sicherungshypothek für die im § 10 Nr. 1 bis 3 bezeichneten Ansprüche, für die im § 10 Nr. 4 bezeichneten Ansprüche auf wiederkehrende Leistungen und für die im § 10 Abs. 2 bezeichneten Kosten kann nicht zum Nachtheile der Rechte, welche bestehen geblieben sind, und der übrigen nach § 128 Abs. 1, 2 eingetragenen Sicherungshypotheken geltend gemacht werden, es sei denn, daß vor dem Ablaufe von sechs Monaten nach der Eintragung derjenige, welchem die Hypothek zusteht, die Zwangsversteigerung des Grundstücks beantragt.[1] Wird der

Antrag auf Zwangsversteigerung zurückgenommen oder das Verfahren nach § 31 Abs. 2 aufgehoben, so gilt er als nicht gestellt.[2]

II. 129; D. 62.

1. Vgl. §§ 128 3, 132, 133.
2. Vgl. § 118 2 Satz 2.

### Berichtigung des Grundbuchs.

§ 130. Ist der Theilungsplan ausgeführt[1] und der Zuschlag rechtskräftig,[2] so ist das Grundbuchamt zu ersuchen, den Ersteher als Eigenthümer einzutragen,[3] den Versteigerungsvermerk[4] sowie die durch den Zuschlag erloschenen Rechte[5] zu löschen und die Eintragung der Sicherungshypotheken[6] für die Forderung gegen den Ersteher zu bewirken. Bei der Eintragung der Hypotheken soll im Grundbuch ersichtlich gemacht werden, daß sie auf Grund eines Zwangsversteigerungsverfahrens erfolgt ist.[7]

Ergiebt sich, daß ein bei der Feststellung des geringsten Gebots berücksichtigtes Recht nicht zur Entstehung gelangt oder daß es erloschen ist,[8] so ist das Ersuchen auch auf die Löschung dieses Rechtes zu richten.[9]

Hat der Ersteher, bevor er als Eigenthümer eingetragen worden ist, die Eintragung eines Rechtes an dem versteigerten Grundstücke bewilligt, so darf die Eintragung nicht vor der Erledigung des im Abs. 1 bezeichneten Ersuchens erfolgen.[10]

I 172; M. 308—310; II. 130. — Pr. § 124. — B. I art. 94, 95, 122, 123. — S. §§ 169, 171.

1. nach §§ 117—129. 2. Zu § 116 A. 1.
3. § 90. 4. § 19.
5. § 91. 6. § 128.
7. damit ist auf die aus §§ 128, 129, 132 sich ergebenden Besonderheiten hingewiesen
8. §§ 50, 51. 9. s. auch zu § 131 A. 1.
10. Abs. 3 ist an Stelle des Schlußsatzes in II § 90 1 dem § 130 als Abs. 3 von der Reichstagskommission hinzugefügt (KB. S. 32, 34).

**§ 131.** In den Fällen des § 130 Abs. 1[1] ist zur Löschung einer Hypothek, einer Grundschuld oder einer Rentenschuld, im Falle des § 128 zur Eintragung des Vorranges einer Sicherungshypothek die Vorlegung des über das Recht ertheilten Briefes nicht erforderlich.[2]

I 174; M. 310; II. 131. — Pr. §§ 122 1, 124 2.

1. nicht aber auch in den Fällen des § 131 2; für welche die §§ 42—44 GBO. zur Anwendung gelangen.
2. II. § 131 enthielt in Abs. 1 die Vorschrift, daß dem Grundbuchamte mit dem Ersuchen eine Ausfertigung des Zuschlagsbeschlusses und des Protokolls über den Versteigerungstermin übersendet werden solle. Der Satz ist von der Reichstagskommission gestrichen, um zum Ausdruck zu bringen, daß das Grundbuchamt die Grundlagen des Ersuchens nicht zu prüfen habe (§ 39 GBO.).

### Vollstreckbarkeit des Anspruchs aus der Sicherungshypothek.

**§ 132.** Nach der Ausführung des Theilungsplans ist die Forderung gegen den Ersteher und im

Falle des § 81 Abs. 4 auch gegen den für mithaftend erklärten Meistbietenden, der Anspruch aus der Sicherungshypothek gegen den Ersteher[1] und jeden späteren Eigenthümer vollstreckbar. Diese Vorschrift findet keine Anwendung, soweit der Ersteher einen weiteren Betrag nach den §§ 50, 51 zu zahlen hat.[2]

Die Zwangsvollstreckung[3] erfolgt auf Grund einer vollstreckbaren Ausfertigung des Beschlusses, durch welchen der Zuschlag ertheilt ist.[4] In der Vollstreckungsklausel[5] ist der Berechtigte sowie der Betrag der Forderung anzugeben; der Zustellung einer Urkunde über die Uebertragung der Forderung bedarf es nicht.

I 178; M. 312—314; II. 132. — Pr. §§ 128, 129. — B. I art. 121 3. — S. § 158.

1. s. unten § 133. 2. Vgl. zu § 125 A. 1—3. 3. wegen der persönlichen Forderung gegen den Ersteher und den für mithaftend erklärten Meistbietenden nach den Vorschriften der CPO.; wegen des dinglichen Anspruchs aus der Sicherungshypothek nach diesem Gesetz. S. auch § 133. 4. §§ 662 CPO. 5. § 663 CPO.

§ 133. Die Zwangsvollstreckung in das Grundstück ist gegen den Ersteher ohne Zustellung des vollstreckbaren Titels oder der nach § 132 ertheilten Vollstreckungsklausel zulässig;[1] sie kann erfolgen, auch wenn der Ersteher noch nicht als Eigenthümer eingetragen ist.[2] Der Vorlegung des im § 17 Abs. 2 bezeichneten Zeugnisses bedarf es nicht, solange das

Grundbuchamt noch nicht um die Eintragung ersucht ist.

I 179; M. 314; II. 133 D. 61. — Pr. §§ 128, 129.

1. Abweichung von § 671 CPO.
2. Abweichung von § 17.

### Behandlung der Forderung gegen den Dritten im Falle des § 61.

§ 134. Im Falle des § 61 tritt für das Vertheilungsverfahren an die Stelle der Forderung gegen den Ersteher die Forderung gegen den für zahlungspflichtig erklärten Dritten. Wird von dem Dritten die ihm obliegende Zahlung im Vertheilungstermine bewirkt, so ist für seine Forderung gegen den Ersteher[1] eine Sicherungshypothek an dem versteigerten Grundstück einzutragen. Auf die Hypothek finden die Vorschriften des § 128 Abs. 3 Satz 1, des § 130 Abs. 1 und des § 132 entsprechende Anwendung.[2]

I 180; M. 314; II. 134.

1. § 61 Schlußsatz.
2. Der zweite und dritte Satz sind von der Reichstagskommission hinzugefügt. (KB. S. 34.) — Vgl. auch zu § 130 A. 7.

### Ermittelung des unbekannten Berechtigten.

§ 135. Ist für einen zugetheilten Betrag die Person des Berechtigten unbekannt,[1] so hat das Vollstreckungsgericht zur Ermittelung des Berechtigten einen Vertreter zu bestellen.[2] Die Vorschriften des § 7 Abs. 2 finden entsprechende Anwendung. Die Auslagen und Gebühren des Vertreters sind aus dem zugetheilten Betrage vorweg zu entnehmen.

I 182; M. 316; II. 135. — Pr. § 131.

1. § 126. 2. S. auch § 138 und § 157 2.

### Kraftloserklärung des Hypothekenbriefes.

§ 136. Ist der Nachweis des Berechtigten von der Beibringung des Briefes über eine Hypothek, Grundschuld oder Rentenschuld abhängig,[1] so kann der Brief im Wege des Aufgebotsverfahrens[2] auch dann für kraftlos erklärt werden,[3] wenn das Recht bereits gelöscht ist.[4] [5]

I 183 2; M. 317; II. 136. Pr. § 132, Satz 2.

1. § 126.
2. nach §§ 837 ff. CPO.; s. auch § 850 b CPO. (Anl. I der Denkschrift zum Entw. III BGB.).
3. § 116 2. — Einer Erneuerung des Briefes (§ 67 GBO.) bedarf es zur Legitimationsführung nicht. (Vgl. § 42 2 GBO.)
4. was ohne Vorlegung des Briefes geschehen kann (§ 131).
5. Vgl. auch § 157 2.

### Nachträgliche Ermittelung des Berechtigten.

§ 137. Wird der Berechtigte nachträglich ermittelt,[1] so ist der Theilungsplan weiter auszuführen.[2]

Liegt ein Widerspruch gegen den Anspruch vor,[3] so ist derjenige, welcher den Widerspruch erhoben hat, von der Ermittelung des Berechtigten zu benachrichtigen. Die im § 764 der Civilprozeßordnung bestimmte Frist zur Erhebung der Klage beginnt mit der Zustellung der Benachrichtigung.[4]

I 183 1, 3; M. 317; II. 137. — Pr. § 132 1 Satz 1 und § 132 2.

1. nach § 135, bez. wird die Kraftloserklärung vorgelegt (§ 136).

2. durch Auszahlung des hinterlegten Betrages bez. Umwandlung der bedingten Uebertragung in eine unbedingte und nöthigenfalls durch Berichtigung des Grundbuchs (§§ 126, 130).

3. § 115. 4. Vgl. auch § 157 2.

### Ermächtigung zum Aufgebot des unbekannten Berechtigten.

§ 138. Wird der Berechtigte nicht vor dem Ablaufe von drei Monaten seit dem Vertheilungstermin ermittelt,[1] so hat auf Antrag das Gericht den Betheiligten, welchem der Betrag anderweit zugetheilt ist,[2] zu ermächtigen, das Aufgebotsverfahren zum Zwecke der Ausschließung des unbekannten Berechtigten von der Befriedigung aus dem zugetheilten Betrage zu beantragen.

Wird nach der Ertheilung der Ermächtigung der Berechtigte ermittelt, so hat das Gericht den Ermächtigten hiervon zu benachrichtigen. Mit der Benachrichtigung erlischt die Ermächtigung.[3]

I 184, 185 2; M. 317, 318; II. 138. Pr. § 133.

1. nach § 135; bez. wird bis dahin nicht die Kraftloserklärung des Briefes (§ 136) beigebracht.
2. § 126. 3. Vgl. auch § 157 2.

§ 139. Das Gericht kann im Falle der nachträglichen Ermittelung des Berechtigten [1] zur weiteren Ausführung des Theilungsplans einen Termin bestimmen. Die Terminsbestimmung ist dem Berechtigten und dessen Vertreter, dem Betheiligten, welchem der Betrag anderweit zugetheilt ist, [2] und demjenigen zuzustellen, welcher zur Zeit des Zuschlags Eigenthümer des Grundstücks war.

Liegt ein Widerspruch gegen den Anspruch vor, so erfolgt die Zustellung der Terminsbestimmung auch an denjenigen, welcher den Widerspruch erhoben hat. Die im § 764 der Civilprozeßordnung bestimmte Frist zur Erhebung der Klage beginnt mit dem Termine. [3]

I 185 1, 3; M. 318, 319; II. 139. — Pr. § 134.

1. sowohl im Falle des § 137, wie im Falle des § 138 2. Die Anberaumung des Termins steht in beiden Fällen im Ermessen des Gerichts.
2. § 126. 3. Vgl. auch § 157 2.

### Aufgebotsverfahren.

§ 140. Für das Aufgebotsverfahren [1] ist das Vollstreckungsgericht zuständig.

Der Antragsteller [2] hat zur Begründung des Antrags die ihm bekannten Rechtsnachfolger desjenigen anzugeben, welcher als letzter Berechtigter ermittelt ist.

In dem Aufgebot ist der unbekannte Berechtigte aufzufordern, sein Recht spätestens im Aufgebotstermin anzumelden, widrigenfalls seine Ausschließung von der Befriedigung aus dem zugetheilten Betrag erfolgen werde.

Das Aufgebot ist demjenigen, welcher als letzter Berechtigter ermittelt ist, den angezeigten Rechtsnachfolgern sowie dem Vertreter des unbekannten Berechtigten zuzustellen.

Eine im Vollstreckungsverfahren erfolgte Anmeldung gilt auch für das Aufgebotsverfahren.

Der Antragsteller kann die Erstattung der Kosten des Verfahrens aus dem zugetheilten Betrage verlangen.[3]

I 186; M. 186; II. 140 D. 63. — Pr. § 140.

1. Das Aufgebotsverfahren erfolgt nach §§ 823 ff. CPO., s. unten § 12 EG.

2. Antragsteller ist der Betheiligte, welchem der Betrag anderweit zugetheilt ist (§ 126).

3. Vgl. auch § 157 2.

**Neuer Termin zur Ausführung.**

§ 141. Nach der Erlassung des Ausschlußurtheils hat das Gericht einen Termin zur weiteren Ausführung des Theilungsplans[1] zu bestimmen. Die Terminsbestimmung ist dem Antragsteller und den Personen, welchen Rechte in dem Urtheile vorbehalten sind, dem Vertreter des unbekannten Berechtigten sowie demjenigen zuzustellen, welcher zur Zeit des Zuschlags Eigenthümer des Grundstücks war.[2]

I 187; M. 320; II. 141. — Pr. § 136.

1. auf Antrag (s. Satz 2). Die Anberaumung des Termins muß erfolgen.
2. Vgl. auch § 157 2.

### Verjährung der Rechte auf die hinterlegten Beträge.

§ 142. In den Fällen des § 117 Abs. 2 und der §§ 120, 121, 124, 126 erlöschen die Rechte auf den hinterlegten Betrag mit dem Ablaufe von dreißig Jahren, wenn nicht der Empfangsberechtigte sich vorher bei der Hinterlegungsstelle meldet;[1] derjenige, welcher zur Zeit des Zuschlags Eigenthümer des Grundstücks war, ist zur Erhebung berechtigt. Die dreißigjährige Frist beginnt mit der Hinterlegung, in den Fällen der §§ 120, 121 mit dem Eintritte der Bedingung, unter welcher die Hinterlegung erfolgt ist.[2]

II. 142, D. 63.

1. §§ 382, 1171 3 BGB.
2. Vgl. auch § 157 2.

### Außergerichtliche Vertheilung des Erlöses.[1]

§ 143. Die Vertheilung des Versteigerungserlöses durch das Gericht findet nicht statt, wenn dem Gerichte durch öffentliche[2] oder öffentlich beglaubigte[3] Urkunden nachgewiesen wird, daß sich die Betheiligten[4] über die Vertheilung des Erlöses geeinigt haben.

II. 143, D. 63.

1. „Die Vorschriften der §§ 143—145 sind dem in Bayern (Ges. v. 23. Febr. 1879, art. 95, 96 und vom 29. Mai 1886, art. 32) und Mecklenburg (Nr. v. 24. Mai 1879 §§ 72, 73) geltenden Rechte nachgebildet.“ Das außergerichtliche Vertheilungsverfahren werde dort häufig angewendet, erleichtere den Geschäftsbetrieb der Gerichte und ermögliche den Betheiligten eine einfachere, billigere und schnellere Ausführung der Vertheilung (D. 63).

2. § 380 CPO. 3. § 129 BGB.

4. §§ 9, 105 2 Satz 2 (§ 145).

§ 144. Weist der Ersteher oder im Falle des § 61 der für zahlungspflichtig erklärte Dritte dem Gerichte durch öffentliche[1] oder öffentlich beglaubigte[2] Urkunden nach, daß er diejenigen Berechtigten, deren Ansprüche durch das Gebot gedeckt sind, befriedigt hat[3] oder daß er von ihnen als alleiniger Schuldner angenommen ist,[4] so sind auf Anordnung des Gerichts die Urkunden nebst der Erklärung des Erstehers oder des Dritten zur Einsicht der Betheiligten auf der Gerichtsschreiberei niederzulegen. Die Betheiligten[5] sind von der Niederlegung zu benachrichtigen und aufzufordern, Erinnerungen binnen zwei Wochen geltend zu machen.

Werden Erinnerungen nicht innerhalb der zweiwöchigen Frist erhoben, so beschränkt sich das Vertheilungsverfahren auf die Vertheilung des Erlöses aus denjenigen Gegenständen, welche im Falle des § 65 besonders versteigert oder anderweit verwerthet worden sind.[6]

II. 144.

1. § 380 CPO. 2. § 129 BGB.

3. durch Baarzahlung oder in anderer Weise (§§ 107, 118). Der Nachweis erübrigt die Zahlung des baar zu zahlenden Erlöses an das Gericht (§ 107 2).

4. § 91 2, 3. 5. im Sinne des § 143.

6. § 107 1 Satz 2.

§ 145. Die Vorschriften des § 105 Abs. 2 Satz 2[1] und der §§ 127,[2] 130 bis 134[3] finden in den Fällen der §§ 143, 144 entsprechende Anwendung.

II. 145.

1. wonach als Betheiligte auch diejenigen gelten, die das angemeldete Recht noch glaubhaft zu machen haben.

2. über die Unbrauchbarmachung der Briefe über erloschene Hypotheken u. s. w. durch das Gericht; die auf diese und die vorgelegten vollstreckbaren Titel durch das Gericht zu setzenden Vermerke.

3. über die Berichtigung des Grundbuchs auf Ersuchen des Gerichts u. s. w. (§§ 130, 131), welches mit dem Ersuchen die Verantwortung übernimmt, daß durch die Einigung der Betheiligten (§ 143) die Grundlage für die Vertheilung in gesetzlicher Weise geschaffen, und daß die Vertheilung demgemäß unter Berücksichtigung der gesetzlichen Vorschriften ausgeführt ist (§ 144). Das Grundbuchamt hat auch in diesem Falle mit der Prüfung der Gesetzmäßigkeit des Ersuchens nichts zu thun (zu § 131 A. 2). — Ueber die Vollstreckbarkeit der Forderung gegen den Ersteher und des Anspruchs aus der Sicher-

heitshypothek u. s. w. und die Zwangsvollstreckung auf Grund einer vollstreckbaren Ausfertigung des Zuschlagsbescheides s. §§ 132, 133. — Die entsprechende Anwendung des § 134 ergiebt, daß im Falle des § 61 auch für das außergerichtliche Vertheilungsverfahren die Forderung gegen den für zahlungspflichtig erklärten Dritten an die Stelle der Forderung gegen den Ersteher tritt.

## Dritter Titel.

## Zwangsverwaltung.

### Anordnung.

§ 146. Auf die Anordnung der Zwangsverwaltung[1] finden die Vorschriften über die Anordnung der Zwangsversteigerung[2] entsprechende Anwendung, soweit sich nicht aus den §§ 147 bis 151 ein Anderes ergiebt.[3]

Von der Anordnung sind nach dem Eingange der im § 19 Abs. 2 bezeichneten Mittheilungen des Grundbuchamts die Betheiligten zu benachrichtigen.[4]

I 189; M. 323; II. 146 D. 63. — Pr. §§ 139 1, 140. — S. § 183.

1. neben den unverändert zur Anwendung gelangenden allgemeinen Bestimmungen §§ 1—14.

2. §§ 15—27; insbesondere Gericht § 15, Antrag und Anlagen §§ 16—18 (dazu § 147), Vermerkung und Mittheilung des Grundbuchamts § 19 (dazu § 146 2), Beschlagnahme §§ 20—25 (dazu § 148—151, welche den § 24 außer Kraft setzen und die übrigen Vorschriften modifiziren).

3. Ueber die ausschließliche Zulässigkeit der Zwangsverwaltung bei landesgesetzlichen Revenüenhypotheken vgl. art. 60 EG.BGB.

4. an Stelle der nach § 41 vorgeschriebenen Zustellung der Bestimmung des Versteigerungstermins.

**147. Wegen des Anspruchs aus einem eingetragenen Rechte[1] findet die Zwangsverwaltung auch[2] dann statt, wenn die Voraussetzungen des § 17 Abs. 1 nicht vorliegen, der Schuldner[3] aber das Grundstück im Eigenbesitze[4] hat.**

**Der Besitz ist durch Urkunden glaubhaft[5] zu machen, sofern er nicht bei dem Gericht offenkundig ist.[6]**

I 190 1 Satz 1, 2, 3, Abs. 2; M. 323; II. 147 D. 64. — Pr. § 139 2.

1. im Gegensatze zu blos persönlichen Forderungen, bei denen lediglich § 17 gilt.

2. Abweichung bez. Erweiterung gegenüber § 17.

3. d. h. der in dem vollstreckbaren Schuldtitel bezeichnete Schuldner. Aus einem gegen den Eigenthümer erlangten Titel kann auch nur gegen die als Eigenthümer bezeichnete Person die Zwangsverwaltung angeordnet werden. Ob im ersten Falle der Eigenthümer, im anderen der Besitzer dem Verfahren widersprechen kann, richtet sich nach § 690 CPO.

4. § 872 BGB. 5. § 266 CPO.

6. § 264 CPO.

**§ 148. Die Beschlagnahme[1] des Grundstücks umfaßt auch die im § 21 Abs. 1, 2 bezeichneten Gegenstände.[2] Die Vorschrift des § 23 Abs. 1 Satz 2 findet keine Anwendung.[3]**

Durch die Beschlagnahme wird dem Schuldner die Verwaltung und Benutzung[4] des Grundstücks entzogen.[5]

I 192 1—3; M. 324; II. 148 D. 64. — Pr. §§ 140, 143. — S. § 185.

1. Zu bewirken gemäß § 22 oder gemäß § 151.
2. Abweichung vom Rechte der Zwangsversteigerung. Hier werden also sämmtliche Gegenstände von der Beschlagnahme ergriffen, welche nach dem beabsichtigten § 757a CPO. (oben S. 11) die Zwangsvollstreckung in das unbewegliche Vermögen umfassen soll.
3. Zu § 23 A. 2.
4. Ausnahme in § 149 1; dagegen ist § 24 bei der Zwangsverwaltung unanwendbar.
5. welche nunmehr auf den Verwalter übergeht. Vgl. § 152.

**Wohnungsräume des Schuldners.**

§ 149. Wohnt der Schuldner zur Zeit der Beschlagnahme auf dem Grundstücke, so sind ihm[1] die für seinen Hausstand unentbehrlichen[2] Räume[3] zu belassen.[4]

Gefährdet der Schuldner oder ein Mitglied seines Hausstandes das Grundstück oder die Verwaltung, so hat auf Antrag das Gericht dem Schuldner die Räumung des Grundstücks aufzugeben.[5]

I 194; M. 327; II. 149 D. 64. — Pr. § 141. — B. I art. 131. — S. § 191.

1. auch ohne Antrag.
2. nach dem Ermessen des Gerichts.

3. auch Hof- und Gartenräume.
4. selbst wenn sie für die Verwaltung erforderlich sein sollten.
5. Außerdem kann auch § 25 zur Anwendung gelangen.

### Bestellung und Einsetzung des Verwalters.

§ 150. Der Verwalter wird von dem Gerichte[1] bestellt.[2]

Das Gericht hat dem Verwalter durch einen Gerichtsvollzieher oder durch einen sonstigen Beamten[3] das Grundstück zu übergeben oder ihm die Ermächtigung zu ertheilen, sich selbst den Besitz zu verschaffen.[4]

I 193 1, 196 1; M. 325, 328; II. 150 D. 64. — Pr. § 142. — B. 1 art. 29, 132 3, 134 Nr. 1, 135 2. — S. §§ 186, 189.

1. § 1.
2. Eine besondere „Verpflichtung" findet nicht statt. Auch erhält derselbe keine Bestallung.
3. Richter, Gerichtsschreiber.
4. Bedeutung des Besitzes für die Beschlagnahme in § 151.

### Beschlagnahme.

§ 151. Die Beschlagnahme wird auch[1] dadurch wirksam, daß der Verwalter nach § 150 den Besitz des Grundstücks erlangt.

Der Beschluß, durch welchen der Beitritt eines Gläubigers zugelassen wird,[2] soll dem Verwalter zugestellt werden;[3] die Beschlagnahme wird zu Gunsten des Gläubigers auch mit dieser Zustellung wirksam, wenn der Verwalter sich bereits im Besitze des Grundstücks befindet.

Das Zahlungsverbot an den Drittschuldner ist auch auf Antrag des Verwalters zu erlassen.[4]

I 192 4, 195; M. 325; II. 151 D. 64. — Pr. §§ 140 2, 143. — B. I art. 7, 131.

1. neben der in § 22 vorgesehenen Art.
2. § 27. 3. Vgl. auch § 157 1. 4. § 22 2.

### Verwaltung. 1. Stellung des Verwalters.

§ 152. Der Verwalter hat das Recht und die Pflicht,[1] alle Handlungen[2] vorzunehmen, die erforderlich sind, um das Grundstück in seinem wirthschaftlichen Bestande zu erhalten und ordnungsmäßig zu benutzen;[3] er hat die Ansprüche, auf welche sich die Beschlagnahme erstreckt,[4] geltend zu machen und die für die Verwaltung entbehrlichen Nutzungen in Geld umzusetzen.

Ist das Grundstück vor der Beschlagnahme einem Miether oder Pächter überlassen,[5] so ist der Mieth- oder Pachtvertrag auch dem Verwalter gegenüber wirksam.[6]

I 193 2, Satz 2, 197; M. 326, 329; II. 152 D. 64. — Pr. §§ 142 3, 143. — B. I art. 137. — S. § 190.

1. Vgl. § 1793 BGB.
2. thatsächlicher oder rechtlicher Art, z. B. Abschluß neuer Miethsverträge oder Versicherungsverträge.
3. auch Versicherungen zu nehmen nach Maßgabe des § 1045 BGB.

4. also auch Versicherungsgelder gemäß §§ 21, 148. Hauptsächlich aber handelt es sich um die gerichtliche oder außergerichtliche Einziehung der Einkünfte, zu welcher er an Stelle des Schuldners (nicht aber als dessen Vertreter) berechtigt ist.

5. § 571 BGB. Vgl. auch § 57.

6. Auch im Uebrigen kann der Verwalter nicht ohne Weiteres in die Rechtssphäre eines Dritten eingreifen. Der Verwalter hat auch alle aus dem Vertrage hervorgehenden Rechte des Schuldners wahrzunehmen.

### 2. Stellung des Gerichts.

§ 153. Das Gericht hat den Verwalter nach Anhörung des Gläubigers und des Schuldners[1] mit der erforderlichen Anweisung für die Verwaltung zu versehen,[2] die dem Verwalter zu gewährende Vergütung[3] festzusetzen und die Geschäftsführung zu beaufsichtigen; in geeigneten Fällen[4] ist ein Sachverständiger zuzuziehen.

Das Gericht kann dem Verwalter die Leistung einer Sicherheit auferlegen, gegen ihn Ordnungsstrafen bis zu zweihundert Mark verhängen und ihn entlassen.[5]

I 196 2, 198 1; M. 328, 330; II. 153 D. 64. — Pr. § 144 1, 2. — B. I art. 140, 142. — S. § 186 2, 3, 196 1.

1. obligatorisch.

2. Außerdem hat die Landesjustizverwaltung die Befugniß zum Erlaß allgemeiner Anordnungen. § 14 EG.

3. nach freiem Ermessen, soweit nicht die Landesjustizverwaltung eine Anordnung nach § 14 EG. erlassen hat.

4. also nur fakultativ.

5. Die vorherige Anhörung des Verwalters ist nicht obligatorisch. Vgl. auch §§ 70, 76 KO.

### 3. Verantwortlichkeit und Rechnungslegung des Verwalters.

§ 154. Der Verwalter ist für die Erfüllung der ihm obliegenden Verpflichtungen allen Betheiligten gegenüber verantwortlich.[1] Er hat dem Gläubiger und dem Schuldner jährlich und nach der Beendigung der Verwaltung Rechnung zu legen. Die Rechnung ist dem Gericht einzureichen und von diesem dem Gläubiger und dem Schuldner vorzulegen.[2]

I 199; M. 331; II. 154 D. 64. — Pr. § 144 3, 4. — B. I art. 134, 142, 156. — S. §§ 192, 196.

1. Haftung für jede Fahrlässigkeit. § 276 BGB.

2. Die Ertheilung der Entlastung ist Sache des Gläubigers und des Schuldners, nicht des Gerichts. Zur Vorlegung ist Anberaumung eines Termins nicht unbedingt erforderlich.

### Vertheilung der Nutzungen. 1. Grundsätze, Recht auf Befriedigung.

§ 155. Aus den Nutzungen des Grundstücks sind die Ausgaben der Verwaltung[1] sowie die Kosten des Verfahrens mit Ausnahme derjenigen, welche durch die Anordnung des Verfahrens oder den Beitritt eines Gläubigers entstehen,[2] vorweg zu bestreiten.

Die Ueberschüsse werden auf die im § 10 Nr. 1 bis 5 bezeichneten Ansprüche vertheilt, auf die Ansprüche der zweiten, dritten und vierten Klasse jedoch nur insoweit, als laufende Beträge wiederkehrender Leistungen zu berichtigen sind.[3]

I 200 1, 2; M. 331; II. 155 D. 65. — Pr. §§ 147, 148. — B. I art. 151. — S. § 194.

1. welche sich gemäß §§ 152, 153 als solche darstellen.

2. Diese fallen zunächst dem Gläubiger zur Last, der sie gemäß §§ 10 2, 12 mit dem Range des Hauptanspruchs, aber vor demselben, erhält.

3. Dagegen erhalten die betreibenden Gläubiger auch ihre Kapitalforderungen, aber nur an der durch § 10 Nr. 5 bestimmten Stelle, selbst wenn die nach § 10 Nr. 4 hinsichtlich der wiederkehrenden Leistungen zu befriedigenden Gläubiger ihnen im Range nachstehen. — Die unter § 10 Nr. 6—8 gemachten Ansprüche kommen bei der Zwangsverwaltung überhaupt nicht in Betracht. Einen etwaigen Ueberschuß würde der Schuldner erhalten.

## 2. Verfahren. a) Theilungsplan.

§ 156. Die laufenden Beträge der öffentlichen Lasten[1] sind von dem Verwalter ohne weiteres Verfahren[2] zu berichtigen.

Ist zu erwarten, daß auch auf andere Ansprüche Zahlungen geleistet werden können, so wird nach dem Eingange der im § 19 Abs. 2 bezeichneten Mittheilungen des Grundbuchamts[3] der Vertheilungstermin bestimmt.[4] In dem Termine wird der Theilungsplan für die ganze Dauer des Verfahrens aufgestellt.[5] Die Terminsbestimmung ist den Betheiligten sowie dem Verwalter zuzustellen.[6] Die Vorschriften des § 105 Abs. 2 Satz 2,[7] des § 113 Abs. 1[8] und der §§ 114,[9] 115,[10] 124,[11] 126[12] finden entsprechende Anwendung.

I 200 2; 201, 202 2; Satz 1, Abs. 4. M. 331—335; II. 156. D. 65. — Pr. §§ 148 2, 149. — B. I art. 146—149, 154, 155.

1. § 10 Nr. 3.
2. also auch ohne jede gerichtliche Mitwirkung.
3. und nach weiterem Eingang einer entsprechenden Anzeige des Verwalters.
4. Entsprechend dem § 105.
5. Ergänzung nach § 157 1.
6. Diese Bestimmung tritt hier an die Stelle des § 105 2 Satz 1.
7. Abs. 3 und 4 des § 105 fallen weg, so daß insbesondere Anheftung an die Gerichtstafel nicht stattfindet. — §§ 107—112 sind nicht anwendbar.
8. Aufstellung des Plans. Für Abs. 2 des § 113 ist kein Raum.
9. Erforderniß der Anmeldung.
10. Verhandlung über den Plan, Behandlung der Widersprüche. Vgl. auch zu § 159 A. 2. — Ueber die Anwendung von § 117 f. § 158 3; §§ 116, 118—123, 125 sind hier nicht anwendbar.
11. Besondere Feststellung im Falle des Widerspruchs.
12. Unbekanntsein der Person des Berechtigten. Vgl. § 157 1.

### b) Auszahlung.

§ 157. Nach der Feststellung des Theilungsplans hat das Gericht die planmäßige Zahlung[1] der Beträge an die Berechtigten anzuordnen;[2] die

Anordnung ist zu ergänzen, wenn nachträglich der Beitritt eines Gläubigers zugelassen wird.[3] Die Auszahlungen erfolgen zur Zeit ihrer Fälligkeit durch den Verwalter,[4] soweit die Bestände hinreichen.

Im Falle der Hinterlegung eines zugetheilten Betrags für den unbekannten Berechtigten[5] ist nach den Vorschriften der §§ 135 bis 141 zu verfahren. Die Vorschriften des § 142 finden Anwendung.

I 202 1, 2 Satz 2, Abs. 4; M. 334; II. 157 D. 66. — Pr. §§ 150 1, 151. — B. I art. 155.

1. bezw. Hinterlegung § 126, zu § 156 A. 12.

2. also wohl Empfänger, Betrag, Fälligkeitstermin, Reihenfolge anzugeben. Diese Anordnung ist die Richtschnur für den Verwalter, von welcher er nicht abweichen darf.

3. § 151 2.

4. ohne gerichtliche Mitwirkung. Anders im Falle des § 150.

5. A. 1.

### c) Insbesondere eingetragene Kapitalforderungen.

§ 158. Zur Leistung von Zahlungen auf das Kapital einer Hypothek[1] oder Grundschuld[2] oder auf die Ablösungssumme einer Rentenschuld[3] hat das Gerichte einen Termin zu bestimmen. Die Terminsbestimmung ist von dem Verwalter zu beantragen.[4]

Soweit der Berechtigte Befriedigung erlangt hat, ist das Grundbuchamt von dem Gericht um die Löschung des Rechtes zu ersuchen. Eine Ausfertigung des Protokolls ist beizufügen; die Vorlegung des über das Recht ertheilten Briefes ist zur Löschung nicht erforderlich.[5]

Im Uebrigen finden die Vorschriften der §§ 117, 127 entsprechende Anwendung.

I 203; M. 336; II. 158 D. 66. — Pr. § 152.

1. §§ 1113 ff. BGB. 2. § 1191 BGB.
3. § 1199 BGB.
4. sobald, bei Berücksichtigung von A. 3 zu § 155, eine Zahlung auf Kapital möglich ist.
5. Entsprechend den §§ 130, 131.

### d) Aenderung des Theilungsplans.

§ 159. Jeder Betheiligte kann eine Aenderung des Theilungsplans im Wege der Klage erwirken, wenn er Widerspruch gegen den Plan nicht erhoben hat.[1]

Eine planmäßig geleistete Zahlung kann auf Grund einer späteren Aenderung des Planes nicht zurückgefordert werden.[2]

I 202 3; M. 335; II. 159 D. 65. — Pr. § 149 3.

1. Mit Rücksicht auf § 156 2 Satz 2.
2. § 764 2, der gemäß §§ 115, 156 anwendbar ist, wird aber nicht berührt.

### e) Außergerichtliche Vertheilung.

§ 160. Die Vorschriften der §§ 143 bis 145 über die außergerichtliche Vertheilung finden entsprechende Anwendung.

II. 160.

## Aufhebung der Zwangsverwaltung.

§ 161. Die Aufhebung des Verfahrens erfolgt[1] durch Beschluß des Gerichts.

Das Verfahren ist aufzuheben, wenn der Gläubiger befriedigt ist.

Das Gericht kann die Aufhebung anordnen, wenn die Fortsetzung des Verfahrens besondere Aufwendungen erfordert und der Gläubiger den nöthigen Geldbetrag nicht vorschießt.[2]

Im Uebrigen finden auf die Aufhebung des Verfahrens die Vorschriften der §§ 28, 29, 32, 34 entsprechende Anwendung.[3 4 5]

I 205; M. 337; II. 161 D. 66. — Pr. § 154. — B. I art. 156. — S. § 198.

1. in allen Fällen. 2. Vgl. § 25.

3. Außerdem ist das Verfahren aufzuheben, wenn das Grundstück im Wege der Zwangsversteigerung veräußert ist und die vor dem Zuschlage gezogenen Nutzungen verrechner oder vertheilt sind. Aehnlich liegt es bei dem Eigenthumsverlust durch Enteignung oder Zusammenlegung.

4. Einstweilige Einstellung gemäß §§ 30, 31 findet nicht statt.

5. Vgl. auch zu § 28 A. 3.

## Zweiter Abschnitt.

# Zwangsversteigerung von Schiffen im Wege der Zwangsvollstreckung.

### I. Inländische Schiffe.

§ 162. Auf die Zwangsversteigerung[1] eines im Schiffsregister eingetragenen[2] Schiffes[3] finden die Vorschriften des ersten Abschnitts[4] entsprechende Anwendung, soweit sich nicht aus den §§ 163 bis 170 ein Anderes ergiebt.[4 5 6]

I 206, 207; M. 338; II. 162 D. 66. — Pr. §§ 156, 163, 171, 176.

1. Zwangsverwaltung ist hier ausgeschlossen. Vgl. den in die CPO. neu einzustellenden § 757f oben S. 11.

2. Eingetragen werden können nur inländische Schiffe. Vgl. A. 3. Für ausländische gilt § 171.

3. zur Seefahrt (Kauffahrteischiff § 474 HGB., RG. v. 25. Okt. 1867) oder zur Binnenschiffahrt (§§ 120—130 RG. v. 15. Juni 1895). Für beide gelten hinsichtlich der Verpfändung §§ 1259—1271 BGB. Den Vorrang aber haben die Rechte der Schiffsgläubiger für die Seefahrt §§ 754—777 HGB. und für die Binnenschiffahrt §§ 102—117 RG. v. 15. Juni 1895. Die Befriedigung beider Arten von Pfandgläubigern kann ebenso wie die persönlicher Gläubiger nur im Wege der Zwangsvollstreckung erfolgen (§ 1268 BGB., § 761 HGB., § 103 RG. v. 15. Juni 1895).

4. §§ 1—145.

5. Die für die Zwangsvollstreckung dem Hauptgegenstande hinzutretenden Gegenstände ergeben sich aus dem

neu einzustellenden § 757a CPO (oben S. 11) in Verbindung mit § 1265 BGB. und § 478 HGB. § 21 ist nicht anwendbar. Das Pfandrecht der Schiffsgläubiger an der Fracht (§ 758 HGB., § 104 RG. v. 15. Juni 1895) ist im Wege der Zwangsvollstreckung in das bewegliche Vermögen zu verfolgen.

6. Für Antheile an dem Eigenthum eines eingetragenen Schiffes (Schiffsparten § 474 HGB. Vgl. auch den früheren § 137 RG. v. 15. Juni 1895) gilt der Abschnitt nicht. Es soll vielmehr folgender § 754a in die CPO. eingestellt werden, welcher dieselben der Zwangsvollstreckung in das bewegliche Vermögen unterwirft:

§ 754a. Auf die Zwangsvollstreckung in den Antheil an einem im Schiffsregister eingetragenen Schiffe (Schiffsart) finden die Bestimmungen des § 754 mit folgenden Abweichungen Anwendung.

Als Vollstreckungsgericht ist das Amtsgericht zuständig, in dessen Bezirk sich der Heimathshafen oder Heimathsort des Schiffes befindet.

Dem Antrag auf Anordnung der Veräußerung der Part ist ein Auszug aus dem Schiffsregister beizufügen, der alle die Part betreffenden Eintragungen enthält; der Auszug darf nicht älter als eine Woche sein.

Der Pfändungsbeschluß soll dem Korrespondentrheder zugestellt werden; die Pfändung wird auch mit dieser Zustellung wirksam.

Ergiebt der Auszug aus dem Schiffsregister, daß die Part mit einem Pfandrechte belastet ist, welches einem anderen als dem betreibenden Gläubiger zusteht, so ist die Hinterlegung des Erlöses anzuordnen. Die Vertheilung des Erlöses erfolgt in diesem Falle nach den Bestimmungen der §§ 759 bis 768; Forderungen, für die ein Pfandrecht an der Part eingetragen ist, sind nach dem Inhalte des Schiffsregisters in den Theilungsplan aufzunehmen.

## 1. Zuständigkeit, Schiffsregister, Betheiligte.

§ 163. Als Vollstreckungsgericht ist das Amtsgericht[1] zuständig, in dessen Bezirke sich das Schiff befindet.[2]

Für das Verfahren tritt an die Stelle des Grundbuchs[3] das Schiffsregister[4 5].

Die Berufsgenossenschaft für die Unfallversicherung und die Versicherungsanstalt für die Invaliditäts- und Altersversicherung gelten als Betheiligte, auch wenn sie eine Forderung nicht angemeldet haben.[6]

I 208, 209, 213 $_{1, 3}$, 223 $_{2}$; M. 339, 343, 349; II. 163 D. 67. — Pr. §§ 155, 166—169.

1. bez. die in den Konsularbezirken und Schutzgebieten an dessen Stelle tretende Behörde.

2. Die Bestimmung ersetzt den § 1. — Für § 2 ist kein Raum.

3. z. B. für §§ 9, 17, 19, 27, 28, 36, 37, 38, 114, 130.

4. RG. v. 25. Okt. 1867 und §§ 120—130 RG. v. 15. Juni 1895.

5. Zustellungen gemäß §§ 3—8.

6. § 86 $_{2}$ RG. v. 13. Juli 1887, § 136 RG. v. 22. Juni 1889, § 754 Nr. 10 HGB., § 102 Nr. 6 RG. v. 15. Juni 1895. Diese Genossenschaft bez. Anstalt hat als Schiffsgläubigerin ein Pfandrecht an dem Schiff für ihre Forderungen. Sie erhält hier den Vorzug, daß sie ohne Anmeldung bei dem Verfahren zugezogen wird. — Im Uebrigen ergiebt die entsprechende Anwendung des § 9, daß betheiligt sind außer dem betreibenden Gläubiger und dem Schuldner (Anm. 4 zu § 164) gemäß § 9 Nr. 1 die im Schiffsregister eingetragenen Pfandgläubiger, auch wenn sie Forderungen nicht angemeldet haben und ge-

mäß § 9 Nr. 8 auf Anmeldung und Glaubhaftmachung auch die Schiffsgläubiger (§ 754 HGB., § 102 RG. v. 15. Juni 1895. Vgl. A. 3 zu § 162). — Das Recht auf Befriedigung und die Rangordnung richten sich unter Berücksichtigung der entsprechenden materiellen Bestimmungen (A. 3 zu § 162) nach §§ 10—14, wobei jedoch für § 10 Nr. 1 und 2 kein Raum ist.

### 2. Voraussetzungen der Anordnung.[1]

§ 164. Die Zwangsversteigerung darf, soweit sich nicht aus den Vorschriften des Handelsgesetzbuchs[2] oder des Gesetzes, betreffend die privatrechtlichen Verhältnisse der Binnenschiffahrt, vom 15. Juni 1895 (Reichs-Gesetzbl. S. 301)[3] ein Anderes ergiebt, nur angeordnet werden, wenn der Schuldner das Schiff im Eigenbesitze[4] hat.[5] Die hiernach zur Begründung des Antrags auf Zwangsversteigerung erforderlichen Thatsachen sind durch Urkunden glaubhaft zu machen, soweit sie nicht bei dem Gericht offenkundig sind.[6] Dem Antrag auf Zwangsversteigerung ist ein Zeugniß der Registerbehörde über die Eintragung des Schiffes in das Schiffsregister beizufügen.[7]

I 24, 212; M. 340; II. 164 D. 67. — Pr. § 164. — Der § modifizirt die §§ 16, 17.

1. In erster Linie sind §§ 15—18 entsprechend anwendbar. Außerdem ist § 482 HGB. zu beachten:

Die Zwangsversteigerung eines Schiffes im Wege der Zwangsvollstreckung darf nicht angeordnet werden, wenn das Schiff zum Abgehen fertig (segelfertig) ist. Auch darf ein segelfertiges Schiff nicht mit Arrest belegt werden. Diese Vorschriften finden keine Anwendung, wenn die Schuld, wegen deren die Zwangsversteigerung oder der Arrest stattfinden soll, zum Behufe der bevorstehenden Reise eingegangen ist."

Die Bestimmung gilt gleichmäßig für persönliche Forderungen und dingliche Verhaftung.

2. §§ 761, 755 2, 510 HGB.

3. §§ 2 2, 97 2, 103 2 a. a. O.

4. § 872 BGB. Es erübrigt sich also der im § 17 1 geforderte Nachweis des Eigenthums oder der Schiffseignerschaft (§§ 1, 2 RG. v. 15. Juni 1895).

5. Neben dem Eigenbesitzer können nach den A. 2 u. 3 genannten Bestimmungen in Betracht kommen der Schiffer, der Ausrüster und ein dritter Besitzer. Bezüglich des Schiffers vgl. § 166.

6. entsprechend § 17 3.

7. entsprechend § 17 2. Auch hier dürfte Bezugnahme genügen, wenn das Vollstreckungsgericht zugleich Registerbehörde ist.

## 3. Bewachung und Verwahrung.

**§ 165. Bei der Anordnung der Zwangsversteigerung[1] hat das Gericht[2] zugleich die Bewachung und Verwahrung des Schiffes anzuordnen.[3] Die Beschlagnahme[4] wird auch[5] mit der Vollziehung dieser Anordnung wirksam.[6]**

I 215 1, 216; M. 344, 345, II. 165 D. 66. — Pr. §§ 163, 165.

1. § 15. Das Ersuchen gemäß § 19 geht an die Schiffsregisterbehörde (zu § 163 A. 4). Für Beitritt § 27. — Aufhebung und Einstellung gemäß §§ 28—34 nebst Ergänzungen.

2. ohne Antrag.

3. Diese Bewachung des Schiffes, welches im Hafen verbleiben muß, dauert fort bis zum Erwerb durch den Ersteher. Vgl. aber § 170. Auf das Verbleiben des Schuldners im Schiff finden §§ 24, 25 Anwendung.

4. §§ 20, 22, 23, 26.

5. neben der durch § 22 bestimmten Art.

6. Vgl. § 151 1.

### 4. Verfahren gegen den Schiffer.

§ 166. Ist gegen den Schiffer auf Grund eines vollstreckbaren Titels, der auch gegenüber dem Rheder oder Schiffseigner wirksam ist,[1] das Verfahren angeordnet, so wirkt die Beschlagnahme zugleich gegen den Rheder oder Schiffseigner.

Der Schiffer gilt in diesem Falle als Betheiligter nur so lange, als er das Schiff führt; ein neuer Schiffer gilt als Betheiligter, wenn er sich bei dem Gerichte meldet und seine Angabe auf Verlangen des Gerichts oder eines Betheiligten glaubhaft macht.[2] [3]

I 217 1; Abs. 2 Satz 1, Satz 2, Halbsatz 1; M. 345. II. 166 D. 67. — Pr. §§ 166, 168.

1. Nur bei Seeschiffen gemäß § 761 HGB.

2. gemäß § 9 Nr. 2.

3. Der Rheder ist gemäß § 9 als Betheiligter anzusehen, soweit er im Schiffsregister eingetragen ist oder sein Eigenthum gemeldet und auf Verlangen glaubhaft macht.

**5. Bestimmung des Versteigerungs-Termins.**[1]

**a. Inhalt.**

§ 167. Die Bezeichnung des Schiffes in der Bestimmung des Versteigerungstermins[2] soll nach dem Schiffsregister erfolgen.

Die Terminsbestimmung muß die Aufforderung an die Schiffsgläubiger und die sonstigen Berechtigten enthalten, ihre Rechte, soweit sie zur Zeit der Eintragung des Versteigerungsvermerkes aus dem Schiffsregister nicht ersichtlich waren, spätestens im Vertheilungstermin anzumelden, widrigenfalls die Rechte bei der Vertheilung des Versteigerungserlöses nicht berücksichtigt werden würden.[3]

I § 219; M. 346, II. 167 D. 66. — Pr. §§ 172, 173.

1. Die §§ 35—43 finden entsprechende Anwendung. Modifizirt werden § 37 durch § 167 und § 39 durch § 168.

2. § 37 Nr. 1.

3. An Stelle von § 37 Nr. 4.

**b. Bekanntmachung.**

§ 168. Befindet sich der Heimathshafen[1] oder Heimathsort[2] des Schiffes in dem Bezirk eines anderen Gerichts, so soll die Terminsbestimmung auch[3] durch das für Bekanntmachungen dieses Gerichts bestimmte Blatt bekannt gemacht werden.

Die im § 39 Abs. 2 vorgesehene Anordnung ist unzulässig.

I 220; M. 347; II. 168. — Pr. § 174.

1. § 480 3 HGB., § 5 RG. v. 25. November 1867.
2. §§ 6, 125 Nr. 4 RG. vom 15. Juni 1895.
3. Neben der Bekanntmachung nach § 39 1.

## Berichtigung des Meistgebots.

§ 169. Die Vorschriften über das geringste Gebot finden keine Anwendung.[1] Das Meistgebot ist in seinem ganzen Betrage durch Zahlung zu berichtigen.[2]

Soweit die Berichtigung nicht im Vertheilungstermin[3] erfolgt, ist für die Forderung gegen den Ersteher ein Pfandrecht an dem Schiffe in das Schiffsregister einzutragen. Das Pfandrecht entsteht mit der Eintragung, auch wenn der Ersteher das Schiff inzwischen veräußert hat.[4] Im Uebrigen finden die Vorschriften des Bürgerlichen[5] Gesetzbuches über das durch Rechtsgeschäft bestellte Pfandrecht an einem Schiffe Anwendung.[6]

I 221, 223 1, 3; M. 348, 349; II. 169 D. 67. — Pr. § 170, 177.

1. Dem Meistbietenden wird der Zuschlag ohne Rücksicht auf die Höhe seines Gebots ertheilt. Unanwendbar werden §§ 44—51, 53, 54, 64, modifizirt §§ 52, 59—63, 65, unberührt bleiben §§ 55—58. Durch die Zwangsversteigerung erlöschen gemäß §§ 52, 91 in Verbindung mit § 169 1 sämmtliche Pfandrechte, sowohl die der Schiffsgläubiger als auch die im Schiffsregister eingetragenen. Vgl. auch § 764 in Verbindung mit § 773 HGB. und § 110 in Verbindung mit § 114 RG. v. 15. Juni 1895. — Ausnahmsweise werden die Vor-

schriften über das geringste Gebot berücksichtigt bei der Aufhebung einer Gemeinschaft § 182 3.

2. soweit nicht gemäß §§ 60 ff. Zuschlagsfristen als Versteigerungsbedingungen festgestellt sind.

3. Auf die Vertheilung des Erlöses finden die §§ 105 bis 145 entsprechende Anwendung. Die Anwendung wird ganz oder theilweise eingeschränkt, namentlich bei §§ 112, 118, 125, 127—132, 136.

4. Diese Vorschrift tritt an die Stelle der §§ 118, 128; § 108 bleibt unberührt.

5. Abweichung von § 1260 BGB.

6. §§ 1259—1271 BGB.

**§ 170. An die Stelle der nach § 94 Abs. 1 zulässigen Verwaltung tritt die gerichtliche Bewachung und Verwahrung des versteigerten Schiffes.**

**Das Gericht hat die getroffenen Maßregeln aufzuheben, wenn der zu ihrer Fortsetzung erforderliche Geldbetrag nicht vorgeschossen wird.[1]**

I 222; M. 348; II. 170 D. 66. — Pr. § 175.

1. Im Uebrigen finden auf Versteigerungen, Entscheidung über den Zuschlag und Beschwerde gegen diese Entscheidung die §§ 66—104 entsprechende Anwendung. Auch hier ist zu beachten, daß ein geringstes Gebot nicht in Frage kommt, namentlich bei §§ 66, 71, 83. Für § 77 2 ist kein Raum.

## II. Ausländische Schiffe.

**§ 171. Auf die Zwangsversteigerung eines ausländischen Schiffes, das, wenn es ein deutsches Schiff wäre, in das Schiffsregister eingetragen werden müßte,[1] finden die Vorschriften der §§ 162**

bis 167, 169, 170 insoweit Anwendung, als sie nicht die Eintragung in das Schiffsregister voraussetzen.[2]

Die Terminsbestimmung[3] soll, soweit es ohne erhebliche Verzögerung des Verfahrens thunlich ist, auch den aus den Schiffspapieren ersichtlichen Schiffsgläubigern und sonstigen Betheiligten zugestellt und, wenn das Schiff im Schiffsregister eines fremden Staates eingetragen ist, der Registerbehörde mitgetheilt werden.[4]

Die Aufhebung der vom Gericht angeordneten Ueberwachung und Verwahrung des Schiffes[5] sowie die Uebergabe an den Ersteher[6] darf erst erfolgen, wenn die Berichtigung des Meistgebots oder die Einwilligung der Betheiligten nachgewiesen wird.[7]

II. 171 D. 68. — Pr. §§ 155, 156.

1. zu § 162 A. 2 und 3.
2. Das ausländische Schiffsregister wird nur insofern berücksichtigt, als die Mittheilung gemäß Abs. 2 erfolgt.
3. §§ 37, 167.
4. Um die an dem Schiffe bestehenden Rechte nach Möglichkeit berücksichtigen zu können.
5. Vgl. zu § 165 A. 3.
6. Modifikation der §§ 93, 94.
7. Dagegen wird das in § 169 2 bestimmte Pfandrecht nicht begründet.

## Dritter Abschnitt.

# Zwangsversteigerung und Zwangsverwaltung in besonderen Fällen.

### Auf Antrag des Konkursverwalters.

§ 172. Wird die Zwangsversteigerung oder die Zwangsverwaltung von dem Konkursverwalter beantragt,[1] so finden die Vorschriften des ersten und zweiten Abschnitts entsprechende Anwendung,[2] soweit sich nicht aus den §§ 173, 174 ein Anderes ergiebt.

I 226; M. 356; II. 172 D. 69. — Pr. § 180 1. — B. I art. 171. — S. § 179.

1. § 116 KO. — Wegen der Fortdauer eines von einem Gläubiger beantragten Verfahrens und der Unzulässigkeit eines solchen Antrages nach der Konkurseröffnung vgl. zu § 28 A. 3. Ist das Verfahren auf Antrag eines Gläubigers angeordnet, so findet auf den Antrag des Verwalters der § 27 Anwendung. Wegen der Fortdauer einer Zwangsversteigerung zur Deckung von Nachlaßverbindlichkeiten s. § 178 2.

2. Es fehlt in diesem Falle sowohl an dem betreibenden Gläubiger als an dem Schuldner im Sinne dieses Gesetzes. An die Stelle des vollstreckbaren Titels tritt der Nachweis, daß der Antragsteller Verwalter in dem Konkurse über das Vermögen desjenigen ist, gegen den eine Zwangsvollstreckung in die betreffende Sache gerichtet werden könnte.

§ 173. Der Beschluß, durch welchen das Verfahren angeordnet wird, gilt nicht als Beschlagnahme.[1] Im Sinne der §§ 13, 55 ist jedoch die Zustellung des Beschlusses an den Konkursverwalter als Beschlagnahme anzusehen.

I 227; M. 356; II. 69. — Pr. § 182. — B. I art. 171.

1. Abweichung von § 20 mit Rücksicht darauf, daß der Gemeinschuldner bereits das Verfügungsrecht verloren hat (§§ 5, 6 KO.) und eine besondere Beschlagnahme gegen den Verwalter keinen Sinn hätte.

§ 174. Hat ein Gläubiger für seine Forderung gegen den Gemeinschuldner[1] ein von dem Konkursverwalter anerkanntes[2] Recht auf Befriedigung aus dem Grundstücke, so kann er[3] bis zum Schlusse der Verhandlung im Versteigerungstermine verlangen, daß bei der Feststellung des geringsten Gebots nur die seinem Anspruche vorgehenden Rechte berücksichtigt werden;[4] in diesem Falle ist das Grundstück auch mit der verlangten Abweichung auszubieten.

I 228; M. 357; II. 174 D. 69. — Pr. § 183. — S. § 179 2, 3.

1. Er muß also eine persönliche Forderung gegen den Gemeinschuldner haben. Die Bestimmung soll die Anwendung der §§ 57, 141 KO. erleichtern.

2. Es genügt selbst ein Anerkenntniß durch schlüssiges Verhalten.

3. ohne vollstreckbaren Titel und ohne betreibender Gläubiger zu werden.

4. An und für sich werden in entsprechender Anwendung des § 47 sämmtliche an dem Grundstücke bestehende Rechte berücksichtigt.

## Zur Deckung der Nachlaßverbindlichkeiten.

§ 175. Hat ein Nachlaßgläubiger für seine Forderung ein Recht auf Befriedigung aus einem zum Nachlasse gehörenden Grundstücke, so kann der Erbe nach der Annahme der Erbschaft die Zwangsversteigerung[1] des Grundstücks beantragen.[2] Zu dem Antrag ist auch jeder Andere berechtigt, welcher das Aufgebot der Nachlaßgläubiger beantragen kann.[3]

Diese Vorschriften finden keine Anwendung, wenn der Erbe für die Nachlaßverbindlichkeiten unbeschränkt haftet[4] oder wenn der Nachlaßgläubiger[5] im Aufgebotsverfahren ausgeschlossen ist[6] oder nach den §§ 1974, 1987 (9) des Bürgerlichen Gesetzbuchs einem ausgeschlossenen Gläubiger gleichsteht.

II. 175 D. 70. — Pr. §§ 180, 182, 184.

1. Der Fall liegt außerhalb der Zwangsvollstreckung. Die Vorschriften der CPO. finden keine direkte Anwendung.

2. Ausnahmen in Abs. 2. — Diese Befugniß ergänzt das Recht des Erben, das Aufgebot der Nachlaßgläubiger zu beantragen (§§ 1970—1974 BGB.), insofern bei solchen persönlichen Gläubigern des Erblassers, welche zugleich ein dingliches Recht auf Befriedigung aus einem Nachlaßgrundstücke haben, erst durch die Durchführung dieser Befriedigung das Maß der persönlichen Haftung bestimmt wird. Vgl. § 1971 BGB.

3. Dieses Antragsrecht soll durch die für die CPO. in Aussicht genommenen §§ 836 gg, oo, pp (Anl. II der Denkschrift zum Entw. III BGB.) geregelt werden, welche lauten:

§ 836 gg. Antragsberechtigt ist jeder Erbe, sofern er nicht für die Nachlaßverbindlichkeiten unbeschränkt haftet.

Zu dem Antrage sind auch ein Nachlaßpfleger und ein Testamentsvollstrecker berechtigt, wenn ihnen die Verwaltung des Nachlasses zusteht.

Der Erbe und der Testamentsvollstrecker können den Antrag erst nach der Annahme der Erbschaft stellen.

§ 836 oo. Ist eine Ehefrau die Erbin und gehört der Nachlaß zum eingebrachten Gute oder zum Gesammtgute, so kann sowohl die Ehefrau als der Ehemann das Aufgebot beantragen, ohne daß die Zustimmung des anderen Theiles erforderlich ist. Das Gleiche gilt, wenn der Nachlaß zum Gesammtgute gehört, auch nach der Beendigung der Gemeinschaft. Der von dem Ehemanne gestellte Antrag und das von ihm erwirkte Ausschlußurtheil kommen der Ehefrau zu Statten.

§ 836 pp. Hat der Erbe die Erbschaft verkauft, so kann sowohl der Käufer als der Erbe das Aufgebot beantragen. Der von dem einen Theile gestellte Antrag und das von ihm erwirkte Ausschlußurtheil kommen auch dem anderen Theile zu Statten, soweit er nicht für die Nachlaßverbindlichkeiten unbeschränkt haftet.

Diese Bestimmungen finden entsprechende Anwendung, wenn Jemand eine durch Vertrag erworbene Erbschaft verkauft oder sich zur Veräußerung einer ihm angefallenen oder anderweit von ihm erworbenen Erbschaft in sonstiger Weise verpflichtet hat.

4. § 1994 mit 2000 BGB. — Dann findet auch kein Aufgebotsverfahren und Ausschluß durch das Aufgebot statt. Vgl. § 2013 1 BGB. und § 836 gg CPO. (s. A. 3.)

5. d. h. sämmtliche Nachlaßgläubiger, welche ein Recht auf Befriedigung aus dem Grundstücke haben.

6. § 1973 BGB., §§ 836 ee ff. CPO. (Anl. II der Denkschrift zum Entw. III BGB.).

§ 176. Wird die Zwangsversteigerung nach § 175 beantragt, so finden die Vorschriften des ersten und zweiten Abschnitts sowie der §§ 173, 174[1] entsprechende Anwendung,[2] soweit sich nicht aus den §§ 177, 178 ein Anderes ergiebt.

II. 176 D. 70. — Pr. §§ 180, 182, 184.

1. Vgl. § 179.

2. Der Fall steht insofern der Zwangsversteigerung auf Antrag des Konkursverwalters gleich, als auch hier Gläubiger und Schuldner im Sinne dieses Gesetzes nicht vorhanden sind. Vgl. zu § 172 A. 2.

§ 177. Der Antragsteller hat die Thatsachen, welche sein Recht zur Stellung des Antrags begründen,[1] durch Urkunden glaubhaft zu machen, soweit sie nicht bei dem Gericht offenkundig sind.[2]

II. 177 D. 70. — Pr. § 181.

1. Vgl. § 175. 2. Modifikation der §§ 16—18.

§ 178. Die Zwangsversteigerung soll nicht angeordnet werden, wenn die Eröffnung des Nachlaßkonkurses beantragt ist.[1]

Durch die Eröffnung des Nachlaßkonkurses wird die Zwangsversteigerung nicht beendigt; für das weitere Verfahren gilt der Konkursverwalter als Antragsteller.[2]

II. 178 D. 71.

1. Es ist dann abzuwarten, ob der Konkursverwalter gemäß § 172 den Antrag stellt. Schwebt eine Zwangsvollstreckungsversteigerung, so ist Beitritt gemäß § 27 zulässig.

2. Er wird prozeßrechtlicher Nachfolger des bisherigen Antragstellers.

§ 179. Ist ein Nachlaßgläubiger, der verlangen konnte, daß das geringste Gebot nach Maßgabe des § 174 ohne Berücksichtigung seines Anspruchs festgestellt werde, bei der Feststellung des geringsten Gebots berücksichtigt, so kann ihm die Befriedigung aus dem übrigen Nachlasse verweigert werden.[1]

II. 179 D. 71. — Pr. § 184.

1. Insofern muß er in seinem eigenen Interesse von der ihm durch § 174 gegebenen Befugniß Gebrauch machen, sofern er sich nicht mit der dinglichen Verhaftung genügen lassen will.

### Zum Zwecke der Aufhebung einer Gemeinschaft.

§ 180. Soll die Zwangsversteigerung zum Zwecke der Aufhebung einer Gemeinschaft[1] erfolgen, so finden die Vorschriften des ersten und zweiten Abschnitts entsprechende Anwendung, soweit sich nicht aus den §§ 181 bis 184 ein Anderes ergiebt.[2]

I 229; M. 359; II. 180 D. 71. — Pr. § 180.

1. § 753 BGB. — Auch diese Zwangsversteigerung liegt außerhalb des Gebietes der streitigen Gerichtsbarkeit. Vgl. zu § 175 A. 1.

2. Unanwendbar erscheint nach der Natur der Sache § 27. Ist bereits eine Zwangsversteigerung anderer Art bezüglich der ganzen Sache eingeleitet, so kann die Versteigerung gemäß §§ 180—184 nicht stattfinden. Sie ist aufzuheben, sobald eine Zwangsver-

steigerung anderer Art angeordnet wird. — Eine Antheilszwangsversteigerung und eine Zwangsversteigerung der ganzen Sache zum Zwecke der Aufhebung der Gemeinschaft berühren sich gegenseitig nicht.

§ 181. Ein vollstreckbarer Titel ist nicht erforderlich.[1]

Die Zwangsversteigerung eines Grundstücks darf nur angeordnet werden, wenn der Antragsteller als Eigenthümer[2] im Grundbuch eingetragen oder Erbe eines eingetragenen Eigenthümers ist oder wenn er das Recht des Eigenthümers oder des Erben auf Aufhebung der Gemeinschaft ausübt.[3] Von dem Vormund eines Miteigenthümers kann der Antrag nur mit Genehmigung des Vormundschaftsgerichts gestellt werden.[4]

Betrifft der Antrag ein Schiff, so ist durch Urkunden glaubhaft zu machen, daß das Eigenthum dem Antragsteller und denjenigen, gegen welche sich der Antrag richtet, gemeinschaftlich zusteht und daß einer von ihnen im Besitze des Schiffes ist.

Die Vorschrift des § 17 Abs. 3 findet auch auf die Erbfolge des Antragstellers Anwendung.

I 230; M. 363; II. 181 D. 71. — Pr. §§ 181, 185.

1. An Stelle desselben treten für Grundstücke die Erfordernisse des Abs. 2 und für Schiffe die des Abs. 3. — Wenn die Unzulässigkeit der Theilung sich aus dem Grundbuche ergiebt, so ist gemäß § 28 zu verfahren. Im Uebrigen muß ihre Geltendmachung im besonderen Rechtsstreit erfolgen. § 690 CPO. findet aber keine direkte Anwendung, A. 1 zu § 175. Abweichend: D. 71.

2. d. h. Miteigenthümer.

3. z. B. in Folge einer Ueberweisung im Wege der Zwangsvollstreckung gemäß § 754 CPO.

4. § 1821 Nr. 1 BGB.

§ 182. Bei der Feststellung des geringsten Gebots sind die den Antheil des Antragstellers belastenden oder mitbelastenden Rechte an dem Grundstücke sowie alle Rechte zu berücksichtigen, die einem dieser Rechte vorgehen oder gleichstehen.[1]

Ist hiernach bei einem Antheil ein größerer Betrag zu berücksichtigen als bei einem anderen Antheile, so erhöht sich das geringste Gebot um den zur Ausgleichung unter den Miteigenthümern erforderlichen Betrag.[2]

Auf die Versteigerung eines Schiffes finden die Vorschriften über das geringste Gebot entsprechende Anwendung.

I 231; M. 363; II. 182 D. 71. — Pr. § 185.

1. Ausgeschlossen von der Berücksichtigung bleiben also diejenigen lediglich fremde Antheile belastenden Rechte, welche im Range dem letzten den Antheil des Antragstellers mitbelastenden Rechte nachstehen.

2. Es ist dem geringsten Gebot die Differenz zwischen der bestehenden, zu berücksichtigenden Belastung und derjenigen Belastung hinzuzurechnen, welche zu berücksichtigen sein würde, wenn sämmtliche Antheile mit zu berücksichtigenden Rechten ebenso belastet wären, wie der mit zu berücksichtigenden Rechten am stärksten belastete Antheil. Diese Differenz ist aber trotz ihrer Zugehörigkeit zum geringsten Gebot baar zu zahlen (§§ 49, 180).

3. Abweichung vom Rechte der Zwangsvollstreckung. Vgl. § 169 1. Selbstverständlich sind auch bei Schiffen Abs. 1 und 2 dieses § zu berücksichtigen.

**§ 183.** Im Falle der Vermiethung oder Verpachtung des Grundstücks finden die Vorschriften des § 57 Satz 2, 3 keine Anwendung.[1]

II. 183 D. 71.

1. Demgemäß äußert die Zwangsversteigerung keinen anderen Einfluß wie ein (freiwilliger) Kaufvertrag nach §§ 571 ff. BGB.

**§ 184.** Ein Miteigenthümer braucht[1] für sein Gebot keine Sicherheit zu leisten, wenn ihm eine durch das Gebot ganz oder theilweise gedeckte Hypothek, Grundschuld oder Rentenschuld zusteht.

I 233; M. 365; II. 184 D. 71. — Pr. § 185.

1. Abweichung von §§ 67 ff.

Urkundlich unter Unserer Höchsteigenhändigen Unterschrift und beigedrucktem Kaiserlichen Insiegel.

Gegeben Berlin im Schloß, den 24. März 1897.

(L. S.) **Wilhelm.**

Fürst zu Hohenlohe.

# Einführungsgesetz

zu dem

# Gesetz über die Zwangsversteigerung und die Zwangsverwaltung.

Vom 24. März 1897.

(RGBl. S. 135 ff.)

---

Wir **Wilhelm**, von Gottes Gnaden Deutscher Kaiser, König von Preußen rc.

verordnen im Namen des Reichs, nach erfolgter Zustimmung des Bundesraths und des Reichstags, was folgt:

**Inkrafttreten.**

§ 1. Das Gesetz über die Zwangsversteigerung und die Zwangsverwaltung tritt, soweit es die Schiffe[1] betrifft, gleichzeitig mit dem Bürgerlichen Gesetzbuch,[2] im Uebrigen für jeden Grundbuchbezirk[3] mit dem Zeitpunkt in Kraft, in welchem das Grundbuch als angelegt anzusehen ist.[4]

Die Artikel 2 bis 5, 32, 55 des Einführungsgesetzes zum Bürgerlichen Gesetzbuche finden entsprechende Anwendung.[5]

I 234; M. 366; II. E. 1 D. 72. — § 82 GBO.

1. da die Schiffsregister bereits überall bestehen.
2. also am 1. Januar 1900. Art. 1 EG.BGB.
3. § 21 GBO.
4. Art. 186 1 EG.BGB. — Vgl. auch Art. 187 ff.
5. Es bleiben also die Vorschriften der Reichsgesetze über Zwangsversteigerung und Zwangsverwaltung grundsätzlich in Kraft, während die entsprechenden landesrechtlichen Vorschriften grundsätzlich außer Kraft treten. Indessen eröffnen die §§ 2—6 und 8—14 dieses EG. (für § 7 vgl. A. 1 zu § 7) dem Landesrecht dauernd einen nicht unerheblichen Spielraum. Dazu tritt die Uebergangsbestimmung in § 15. Die dem Landesrecht vorgehaltenen Bestimmungen können schon vor dem 1. Januar 1900 mit rechtsverbindlicher Kraft erlassen werden. Ueber ihre spätere Aenderung s. Art. 218 EG.BGB.

### Vorbehalte zu Gunsten des Landesrechts. 1. Im Allgemeinen. Vorrechte der Kreditanstalten.

§ 2. Soweit in dem Einführungsgesetze zum Bürgerlichen Gesetzbuche zu Gunsten der Landesgesetze Vorbehalte gemacht sind,[1] gelten sie auch für die Vorschriften der Landesgesetze über die Zwangsversteigerung und die Zwangsverwaltung. Den Landesgesetzen stehen nach Maßgabe der Artikel 57, 58 des Einführungsgesetzes zum Bürgerlichen Gesetzbuche die Hausverfassungen gleich.

Es treten jedoch die landesgesetzlichen Vorschriften außer Kraft, nach welchen den landschaftlichen und ritterschaftlichen Kreditanstalten für den Anspruch auf ältere als zweijährige Rückstände wiederkehrender

Leistungen ein Vorrecht vor den im § 10 Nr. 1 bis 6 des Gesetzes über die Zwangsversteigerung und die Zwangsverwaltung bezeichneten Ansprüchen beigelegt ist.[2]

I 235 2, 243; M. 367, 374. II. E. 2 D. 73 — § 83 GBO.

1. Von Art. 55 EG.BGB. ab. Daraus ergiebt sich zugleich die Befugniß zum Erlaß von Uebergangsbestimmungen innerhalb dieses Rahmens. Ein abweichendes Verfahren ist demnach namentlich möglich für Eisenbahngrundstücke, Bergwerke, Familienfideikommisse, Lehen, Stammgüter und Familienvermögen des hohen Adels, Rentengüter, in Erbpacht stehende oder dem Anerbrecht unterworfene Gundstücke. Wegen des Eisenbahnbetriebsnutzungsrechts s. § 757g oben S. 11.

2. Nach Art. 167 EG.BGB. bleibt die Sonderstellung dieser Kreditanstalten unberührt. Hiervon macht aber dieser Abs. 2 eine Ausnahme — Vgl. auch § 3 a. E.

Für Preußen steht ein besonderes Landesgesetz betreffend die Zwangsvollstreckung aus Forderungen landschaftlicher (ritterschaftlicher) Kreditanstalten zu erwarten.

## 2. Zusammenlegung der Grundstücke und Verwandtes.

§ 3. Die im Artikel 113[1] des Einführungsgesetzes zum Bürgerlichen Gesetzbuche bezeichneten Vorschriften bleiben auch insoweit unberührt, als sie für den Anspruch des Entschädigungsberechtigten oder des Dritten, welcher die Entschädigung geleistet hat, ein Recht auf Befriedigung aus dem Grundstücke gewähren und den Rang dieses Rechtes bestimmen. Jedoch kann dem Anspruch auf Rückstände wiederkehrender Leistungen ein Vorrecht nur mit der im § 2 Abs. 2 bezeichneten Einschränkung beigelegt werden.

I 237; M. 369; II. E. 3 D. 73.

1. Daneben ist auch Art. 114 EG.BGB. zu beachten.

### 3. Oeffentliche Lasten.

§ 4. Durch Landesgesetz kann bestimmt werden, daß gewisse öffentliche Lasten anderen[1] im Range vorgehen.

In denjenigen Bundesstaaten, in welchen die Besteuerung des inländischen Bieres der Landesgesetzgebung vorbehalten ist, bleiben auch die Vorschriften unberührt, nach welchen bei der Zwangsvollstreckung in ein der Brauerei dienendes Grundstück oder in ein mit diesem räumlich verbundenes Grundstück die zum Zwecke der Besteuerung des Bieres zu entrichtenden Abgaben den öffentlichen Lasten des Grundstücks gleichstehen.[2]

I 238; M. 370; II. E. 4 D. 73.

1. öffentlichen Lasten innerhalb der 3. Klasse (§ 10 Nr. 3).
2. Art. 46 des Bayrischen Gesetzes v. 29. Mai 1886.

### 4. Auszug aus dem Steuerbuche.

§ 5. Durch Landesgesetz kann bestimmt werden, daß dem Antrag auf Zwangsversteigerung[1] ein Auszug aus einem Steuerbuche beigefügt werden soll.

I 29 3; M. 126; II. E. 5 D. 73.

1. § 16. — Pr. § 14 Nr. 1. — B. I art. 26, 29.

### 5. Inhalt der Bestimmung des Versteigerungstermins.

§ 6. Durch die Landesjustizverwaltung kann angeordnet werden, daß die Bestimmung des Versteigerungstermins noch andere als die im § 38 des Gesetzes über die Zwangsversteigerung und die Zwangsverwaltung vorgeschriebenen Angaben über das Grundstück[1] enthalten soll.

I 45 2; M. 152; II. E. 6 D. 73.

1. z. B. Bodenbeschaffenheit, Gebäude.

### 6. Bekanntmachung der Terminsbestimmung.

§ 7. Unberührt bleiben die bestehenden[1] landesgesetzlichen Vorschriften, nach welchen noch andere als die in den §§ 39, 40 des Gesetzes über die Zwangsversteigerung und die Zwangsverwaltung bezeichneten Veröffentlichungen der Terminsbestimmung zu erfolgen haben.

II. E. 7 D. 73.

1. Der Erlaß neuer derartiger Vorschriften (A. 5 zu § 1 EG.) ist also ausgeschlossen.

### 7. Anmeldungszwang für Hypotheken.

§ 8. Durch Landesgesetz kann für die Zwangsversteigerung bestimmt werden, daß die vor dem

Inkrafttreten des Bürgerlichen Gesetzbuchs eingetragenen Hypotheken bei der Feststellung des geringsten Gebots und bei der Aufstellung des Theilungsplans nur auf Grund einer Anmeldung zu berücksichtigen sind.[1]

In einem solchen Falle muß die im § 37 Nr. 4 des Gesetzes über die Zwangsversteigerung und die Zwangsverwaltung vorgeschriebene Aufforderung auf die Anmeldung der Ansprüche aus den bezeichneten Hypotheken ausgedehnt werden.

I 239; M. 370; II. E. 8 D. 74. — Pr. § 201.

1. Abweichung von der den §§ 9 Nr. 1, 37 Nr. 4 zu Grunde liegenden Regel, daß das im Grundbuch Eingetragene ohne Anmeldung berücksichtigt wird. Man hat dabei namentlich solche Hypotheken im Auge, welche nach bisherigem Rechte ohne Löschung im Grundbuche erlöschen können.

### 8. Einfluß der Zwangsversteigerung auf dingliche Rechte.

§ 9. Soweit ein nach Landesgesetz begründetes Recht an einem Grundstücke, das nicht in einer Hypothek besteht, zur Wirksamkeit gegen Dritte der Eintragung nicht bedarf[1] oder soweit eine Dienstbarkeit oder eine Reallast als Leibgedinge, Leibzucht, Altentheil oder Auszug eingetragen ist, bleibt das Recht nach Maßgabe des Landesgesetzes von der Zwangsversteigerung unberührt, auch wenn es bei der Feststellung des geringsten Gebots nicht berücksichtigt ist.[2]

Das Erlöschen eines solchen Rechtes ist auf Verlangen eines Betheiligten als Versteigerungsbedingung zu bestimmen, wenn durch das Fortbestehen ein dem Rechte vorgehendes oder gleichstehendes Recht des Betheiligten beeinträchtigt werden würde; die Zustimmung eines anderen Betheiligten ist nicht erforderlich.[3]

I 240; M. 371; II. E. 9 D. 74.

1. insbesondere Dienstbarkeiten, dingliche Mieth- und Pachtrechte. Vgl. §§ 187, 188 EG.BGB. — Pr. § 22 3.

2. Modifikation von § 52 1. (Vgl. Pr. § 60). — Ausnahme in Abs. 2. Soweit diese Ausnahme nicht Platz greift, brauchen die Berechtigten an dem Verfahren nicht Theil zu nehmen.

3. Feststellung durch doppeltes Ausgebot entsprechend dem § 59 2.

### 9. Sicherheitsleistung.

§ 10. Unberührt bleiben die landesgesetzlichen Vorschriften, nach welchen bei der Zwangsversteigerung

1. für Gebote kommunaler Körperschaften sowie gewisser Kreditanstalten und Sparkassen Sicherheitsleistung nicht verlangt werden kann;[1]
2. die Sicherheit auch durch Stellung eines Bürgen nach § 239 des Bürgerlichen Gesetzbuchs geleistet werden darf.[2]

I 90 2, 94 2; M. 200, 206; II. E. 10 D. 72. — Pr. G. v. 12. April 1888 § 37. — B. I art. 55 Nr. 1.

1. Ausnahme von § 67 1 im Anschluß an § 67 3.

2. Ausnahme von § 69.

**10. Feststellung des Werths der Grundstücke.**

§ 11. Durch Landesgesetz kann für die Zwangsversteigerung, unbeschadet des § 112 Abs. 2 Satz 4 des Gesetzes über die Zwangsversteigerung und die die Zwangsverwaltung, bestimmt werden, daß und nach welchen Grundsätzen der Werth des Grundstücks festgestellt werden soll.[1]

I 150 2, Nr. 2, Halbsatz 2, 241 Satz 1; M. 281, 372; II. 11 D. 72.

1. Es kann aber nicht bestimmt werden, daß bei der Versteigerung der Zuschlag von der Erreichung des Werths oder eines Theils desselben abhängig sein sollen.

**11. Aufgebotsverfahren.**

§ 12. Die Landesgesetze können für die Fälle, in welchen bei der Zwangsversteigerung oder der Zwangsverwaltung ein Aufgebotsverfahren[1] erforderlich wird, die Art der Bekanntmachung des Aufgebots und die Aufgebotsfristen abweichend von den Vorschriften der §§ 825, 827 der Civilprozeßordnung bestimmen.

I 186 6, 202 4; M. 320, 335; II. E. 12 D. 72.

1. §§ 136, 138, 140, 141.

**12. Ersatz des Vollstreckungsgerichts durch Notare und Behörden.**

§ 13. Durch Landesgesetz kann bestimmt werden, daß die in dem Gesetz über die Zwangsversteigerung und die Zwangsverwaltung dem Vollstreckungsgerichte zugewiesenen Amtshandlungen, soweit nicht über die Anordnung, Aufhebung oder Verbindung des Verfahrens oder über die Zulassung des Beitritts eines Gläubigers zu entscheiden ist, von einer anderen Behörde oder einem Beamten oder einem Notar ganz oder theilweise wahrzunehmen sind.

Wird die Aenderung einer Entscheidung der Behörde, des Beamten oder des Notars verlangt, so ist die Entscheidung des Vollstreckungsgerichts nachzusuchen; auf das Verfahren finden die Vorschriften der §§ 96 bis 104 des bezeichneten Gesetzes entsprechende Anwendung. Die Beschwerde findet gegen die Entscheidung des Vollstreckungsgerichts statt.[1]

I 242; M. 373; II. E. 13 D. 72.

1. entsprechend dem § 539 CPO.

### 13. Anordnungen für die Verwalter.

§ 14. Die Landesjustizverwaltung kann für die Geschäftsführung der Verwalter, welche bei der Zwangsverwaltung bestellt werden, und für die den Verwaltern zu gewährende Vergütung allgemeine Anordnungen treffen.[1]

I 198 2; M. 330; II. E. 14 D. 72. — Pr. § 144 4.

1. In Ergänzung der §§ 146 ff. d. G.

### Erledigung älterer Verfahren.

§ 15. Ein vor dem Inkrafttreten des Gesetzes über die Zwangsversteigerung und die Zwangsverwaltung beantragtes[1] Verfahren ist nach den Landesgesetzen zu erledigen.[2]

I 244; M. 376; II. E. 15 D. 72. — Pr. § 207 2. B. I art. 189. — S. § 199.

1. Maßgebend ist der Eingang des Antrages (§ 16) bei dem Vollstreckungsgericht.
2. Vgl. auch § 21 1 EG. CPO.

Urkundlich unter Unserer Höchsteigenhändigen Unterschrift und beigedrucktem Kaiserlichem Insiegel.

Gegeben Berlin im Schloß, den 24. März 1897.

(L. S.) **Wilhelm.**

Fürst zu Hohenlohe.

# Sachregister.

Die Zahlen bedeuten die §§. — Abkürzungen: A. = Anmerkung; Bek. = Bekanntmachung; Beschl. = Beschlagnahme; EG. = Einführungsgesetz; GB. = Grundbuch; g.G. = geringstes Gebot; Prot. = Protokoll; SchR. = Schiffsregister; ThPl. = Theilungsplan; VerstT. = Versteigerungstermin; Zw. = Zwangsvollstreckung; ZwVerst. = Zwangsversteigerung; ZwVerw. = Zwangsverwaltung.

## A.

## B.

## F.

## G.

## H.

Druck von Dobrzynski & Walter, Berlin S.

FSC
www.fsc.org
MIX
Papier | Fördert
gute Waldnutzung
FSC® C083411

Kolibri 360 GmbH
Ferdinand-Jühlke-Straße 7
99095 Erfurt, Deutschland
produktsicherheit@kolibri360.de